大学入試合格のための

TEAP
技能別問題集

リーディング / リスニング

旺文社

Introduction

はじめに

　アカデミック英語能力判定試験である TEAP (Test of English for Academic Purposes) は，上智大学と公益財団法人 日本英語検定協会が共同で開発し，2014年7月より実施されています。試験はリーディング／リスニング／ライティング／スピーキングの4技能で構成されており，その内容はアカデミック英語が中心です。和訳や単語の暗記などが必要とされた従来の受験英語とは異なり，総合的な英語力を試す目的で作成されています。

　『TEAP 技能別問題集』は，実力とスコアを伸ばしたい技能を集中して学習できるシリーズで，本書はリーディングとリスニングに特化した問題集です。

　各章では，パートごとに概要・例題・解き方を掲載しています。解き方を学んだ後，オリジナルの練習問題に取り組むことができるので，一歩一歩着実に，スコアアップのための実力を付けることができます。いくつかのページに入っているコラムでは，キャンパスワードの解説をしていますので，こちらも試験対策の1つとしてぜひご活用ください。

　本書は，TEAP を初めて受験される方にも，これまでの TEAP スコアをアップさせたい方にもご利用いただけます。難しく見える問題も，「まずは解いてみる」ことで内容を把握し，自分のものにすることができるでしょう。

　本書が学習者のみなさまの総合的な英語力向上につながり，またアカデミック・グローバルな将来に向けての前途を開く一助となりましたら幸いです。最後に，本書を刊行するにあたって多大なご尽力をいただきました大場智彦先生，笹部宣雅先生に深く感謝の意を表します。

旺文社

もくじ
Contents

- はじめに 3
- 本書の使い方 6
- **TEAP について** 8

- リスニング CD について 14

 **Reading**

リーディングの出題内容	16
Part 1	18
Part 2A	30
Part 2B	44
Part 2C	58
Part 3A	82
Part 3B	94

本書の「例題」は，公益財団法人 日本英語検定協会より提供された「TEAP 見本問題1」「TEAP 見本問題2」を二次利用しています。

Listening

リスニングの出題内容	118
Part 1A	120
Part 1B	136
Part 1C	152
Part 2A	172
Part 2B	192

Staff

執筆●大場智彦，笹部宣雅
編集協力●株式会社 CPI Japan，日本アイアール株式会社，Michael Joyce，鹿島由紀子
デザイン●林 慎一郎（及川真咲デザイン事務所）
組版●幸和印刷株式会社
録音●ユニバ合同会社（Katie Adler，Chris Koprowski，Michael Rhys，Bonnie Waycott）

本書の使い方

本書では，リーディングとリスニングの各パートを以下のように学習します。

出題内容 　学習を始める前に，テストの概要を技能別に確認しましょう。

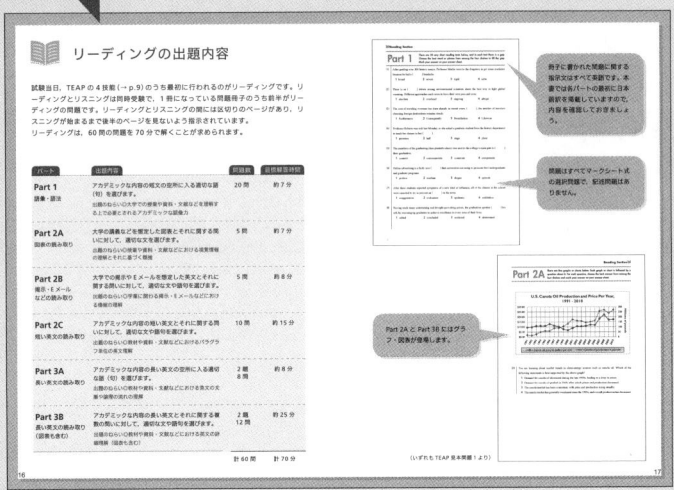

例題と解き方 　例題を見ながら，問題形式を把握しましょう。「解き方」では，問題に取り組む際のポイントをおさえましょう。

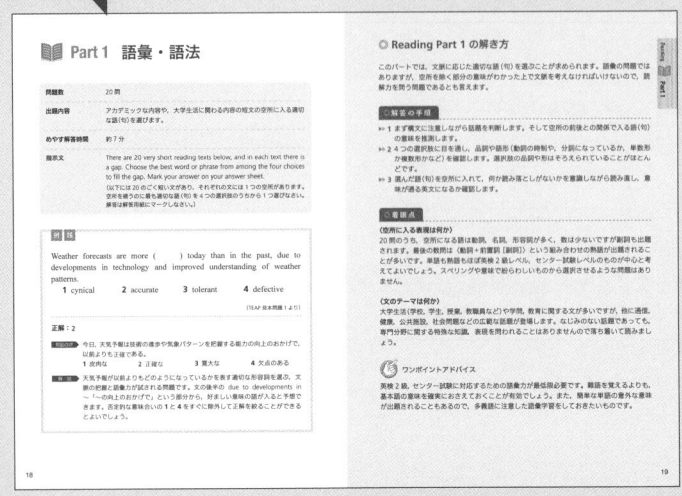

練習問題・解説

練習問題に挑戦しましょう。解いたらすぐに解説でわからなかったところを確認しましょう。

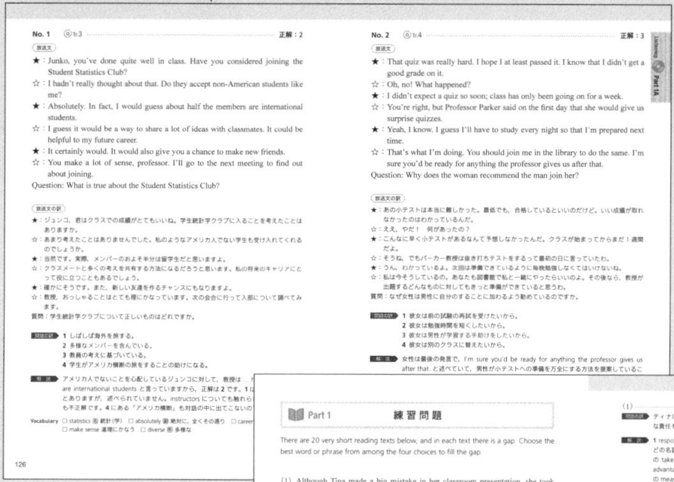

No. 1 Tr.3 …… 正解：2

放送文

★：Junko, you've done quite well in class. Have you considered joining the Student Statistics Club?
☆：I hadn't really thought about that. Do they accept non-American students like me?
★：Absolutely. In fact, I would guess about half the members are international students.
☆：I guess it would be a way to share a lot of ideas with classmates. It could be helpful to my future career.
★：It certainly would. It would also give you a chance to make new friends.
☆：You make a lot of sense, professor. I'll go to the next meeting to find out about joining.
Question: What is true about the Student Statistics Club?

放送文の訳

★：ジュンコ，君はクラスでの成績がとてもいいね。学生統計学クラブに入ることを考えたことはありますか。
☆：あまり考えたことはありませんでした。私のようなアメリカ人でない学生も受け入れてくれるのでしょうか。
★：当然です。実際，メンバーのおよそ半分は留学生だと思いますよ。
☆：クラスメートと多くの考えを共有する方法になるだろうと思います。私の将来のキャリアにとって役に立つこともあるでしょう。
★：確かにそうです。また，新しい友達を作るチャンスにもなりますよ。
☆：教授，おっしゃることはとても理にかなっています。次の会合に行って入部について調べてみます。
質問：学生統計学クラブについて正しいものはどれですか。

選択肢の訳
1 しばしば海外を旅する。
2 多様なメンバーを含んでいる。
3 教員の考えに基づいている。
4 学生がアメリカ横断の旅をすることの助けになる。

解説 アメリカ人でないことを心配しているジュンコに対して，教授は …

No. 2 Tr.4 …… 正解：3

放送文

★：That quiz was really hard. I hope I at least passed it. I know that I didn't get a good grade on it.
☆：Oh, no! What happened?
★：I didn't expect a quiz so soon; class has only been going on for a week.
☆：You're right, but Professor Parker said on the first day that she would give us surprise quizzes.
★：Yeah, I know. I guess I'll have to study every night so that I'm prepared next time.
☆：That's what I'm doing. You should join me in the library to do the same. I'm sure you'd be ready for anything the professor gives us after that.
Question: Why does the woman recommend the man join her?

放送文の訳

★：あの小テストは本当に難しかった。最低でも，合格しているといいのだけど。いい成績が取れなかったのはわかっているんだ。
☆：ええ，やだ！ 何があったの？
★：こんなに早く小テストがあるなんて予想しなかったんだ。クラスが始まってからまだ1週間だよ。
☆：そうね，でもパーカー教授は抜き打ちテストをするって最初の日に言っていたわ。
★：うん，わかっているよ。次回は準備できているように毎晩勉強しなくてはいけないね。
☆：私は今そうしているの。あなたも図書館で私と一緒にやったらいいのよ。その後なら，教授が出題するどんなものに対してもきっと準備ができていると思うわ。
質問：なぜ女性は男性に自分のすることに加わるよう勧めているのですか。

選択肢の訳
1 彼女は前の試験の再試を受けたいから。
2 彼女は勉強時間を短くしたいから。
3 彼女は男性が学習する手助けをしたいから。
4 彼女は別のクラスに替えたいから。

解説 女性は最後の発言で，I'm sure you'd be ready for anything the professor gives us after that. と述べていて，男性が小テストへの準備を万全にする方法を提案していること…

126

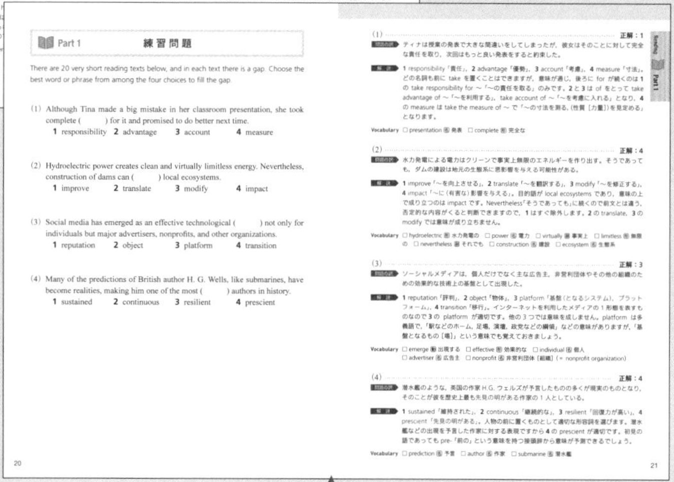

Part 1 練習問題

There are 20 very short reading texts below, and in each text there is a gap. Choose the best word or phrase from among the four choices to fill the gap.

(1) Although Tina made a big mistake in her classroom presentation, she took complete (　　) for it and promised to do better next time.
1 responsibility　2 advantage　3 account　4 measure

(2) Hydroelectric power creates clean and virtually limitless energy. Nevertheless, construction of dams can (　　) local ecosystems.
1 improve　2 translate　3 modify　4 impact

(3) Social media has emerged as an effective technological (　　) not only for individuals but major advertisers, nonprofits, and other organizations.
1 reputation　2 object　3 platform　4 transition

(4) Many of the predictions of British author H. G. Wells, like submarines, have become realities, making him one of the most (　　) authors in history.
1 sustained　2 continuous　3 resilient　4 prescient

20

(1) …… 正解：1

問題文の訳 ティナは授業の発表で大きな間違いをしてしまったが，彼女はそのことに対して完全な責任を取り，次回はもっと良い発表をすると約束した。

解説 1 responsibility「責任」，2 advantage「優勢」，3 account「考慮」，4 measure「寸法」。どの名詞も前に take を置くことはできますが，意味が通じ，後ろに for が続くのは 1 の take responsibility for ～「～の責任を取る」のみです。2 と 3 は of をとって take advantage of ～「～を利用する」，take account of ～「～を考慮に入れる」となり，4 の measure は take the measure of ～ で「～の寸法を測る，（性質［力量］）を見定める」となります。

Vocabulary □ presentation 名 発表　□ complete 形 完全な

(2) …… 正解：4

問題文の訳 水力発電による電力はクリーンで事実上無限のエネルギーを作り出す。そうであっても，ダムの建設は地元の生態系に悪影響を与える可能性がある。

解説 1 improve「～を向上させる」，2 translate「～を翻訳する」，3 modify「～を修正する」，4 impact「～に（有害な）影響を与える」。目的語が local ecosystems であり，意味の上で成り立つのは impact です。Nevertheless「そうであっても」に続くので前文とは違う，否定的な内容がくると判断できますので，1 はすぐ除外します。2 の translate，3 の modify では意味が成り立ちません。

Vocabulary □ hydroelectric 形 水力発電の　□ power 名 電力　□ virtually 副 事実上　□ limitless 形 無限の　□ nevertheless 副 それでも　□ construction 名 建設　□ ecosystem 名 生態系

(3) …… 正解：3

問題文の訳 ソーシャルメディアは，個人だけでなく主な広告主，非営利団体やその他の組織のための効果的な技術上の基盤として出現した。

解説 1 reputation「評判」，2 object「物体」，3 platform「基盤（となるシステム），プラットフォーム」，4 transition「移行」。インターネットを利用したメディアの1形態を表すものなので 3 の platform が適切です。他の3つでは意味が成立しません。platform は多義語で，「駅などのホーム，足場，演壇，政党などの綱領」などの意味がありますが，「基盤となるもの［場］」という意味でも覚えておきましょう。

Vocabulary □ emerge 動 出現する　□ effective 形 効果的な　□ individual 名 個人　□ advertiser 名 広告主　□ nonprofit 名 非営利団体［組織］（= nonprofit organization）

(4) …… 正解：4

問題文の訳 潜水艦のような，英国の作家 H.G. ウェルズが予言したものの多くが現実のものとなり，そのことが彼を歴史上最も先見の明がある作家の1人としている。

解説 1 sustained「維持された」，2 continuous「継続的な」，3 resilient「回復力が高い」，4 prescient「先見の明がある」。人物の前に置くものとして適切な形容詞を選びます。潜水艦などの出現を予言した作家に対する表現ですから 4 の prescient が適切です。初見の語であっても pre-「前の」という意味を持つ接頭辞から意味が予測できるでしょう。

Vocabulary □ prediction 名 予言　□ author 名 作家　□ submarine 名 潜水艦

21

復習がしやすいように，一部のパートでは問題と解説を見開きに掲載しています。問題を解くときには右ページを隠してチャレンジしましょう。

コラム

大学生活のシチュエーションについて解説しています。背景知識として参考にしてください。

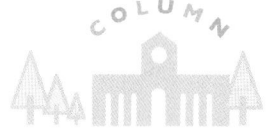

TEAPについて

※本書の情報は 2024 年 1 月現在のものです。内容は変わることがありますので，詳しくは公益財団法人 日本英語検定協会までお問い合わせください。

TEAP とは

TEAP（ティープ）とは，Test of English for Academic Purposes の略で，上智大学と公益財団法人 日本英語検定協会が共同で開発した，アカデミックな場面（大学で学習・研究する際に，資料や文献を読む，講義を受ける，意見を述べる，文章を書くなど）での英語運用力を測定するテストです。「読む」「聞く」「書く」「話す」の 4 技能で構成されています。

内容とレベルの目安

TEAP は，日本の高校生を対象とした，大学入試レベルを想定して開発されています。学習指導要領において求められる英語力に準拠しており，難易度は英検準 2 級〜準 1 級程度です。ただし，試験で出題される問題の文章や状況は，すべて大学教育（海外留学含む）において遭遇するものを想定しています。

問題構成

TEAPはリーディング／リスニング／ライティング／スピーキングの4つのセクションに分かれています。さまざまな形式で出題されますので、内容をよく確認しておきましょう。また、受験パターンにより技能の組み合わせは異なります。

📖 Reading

パート	設問数	内容	試験時間	形式
Part 1	20	語彙・語法	70分	マーク
Part 2A	5	図表の読み取り		
Part 2B	5	掲示・Eメールなどの読み取り		
Part 2C	10	短い英文の読み取り		
Part 3A	8	長い英文の読み取り		
Part 3B	12	長い英文の読み取り（図表も含む）		

Listening

パート	設問数	内容	試験時間	形式
Part 1A	10	短い会話の聞き取り	約50分	マーク
Part 1B	10	短い英文の聞き取り		
Part 1C	5	短い英文の聞き取り（図表も含む）		
Part 2A	9	長い会話の聞き取り		
Part 2B	16	長い英文の聞き取り（図表も含む）		

Writing

パート	問題数	内容	試験時間	形式
Task A	1	課題文の要約	70分	記述
Task B	1	エッセイ		

Speaking

パート	質問数	内容	試験時間	形式
Part 1	3	受験者に関する質問	約10分	面接
Part 2	4	受験者がExaminerにインタビュー		
Part 3	1	1つのテーマに沿ったスピーチ		
Part 4	4	Q&A		

試験結果

TEAP には「合否」がありません。4 技能全てがスコア（20〜100）と CEFR のレベルでフィードバックされます。

CEFR とは，Common European Framework of Reference for Languages の略で，世界的に使用されている言語能力を示す指標です。6 段階あるうち，TEAP では A1 から C1 までの力を測定します。この結果により，世界的なレベルでどの程度の言語使用者かという目安がわかります。ちなみに，B2 は英検準 1 級合格者レベルと言われています。

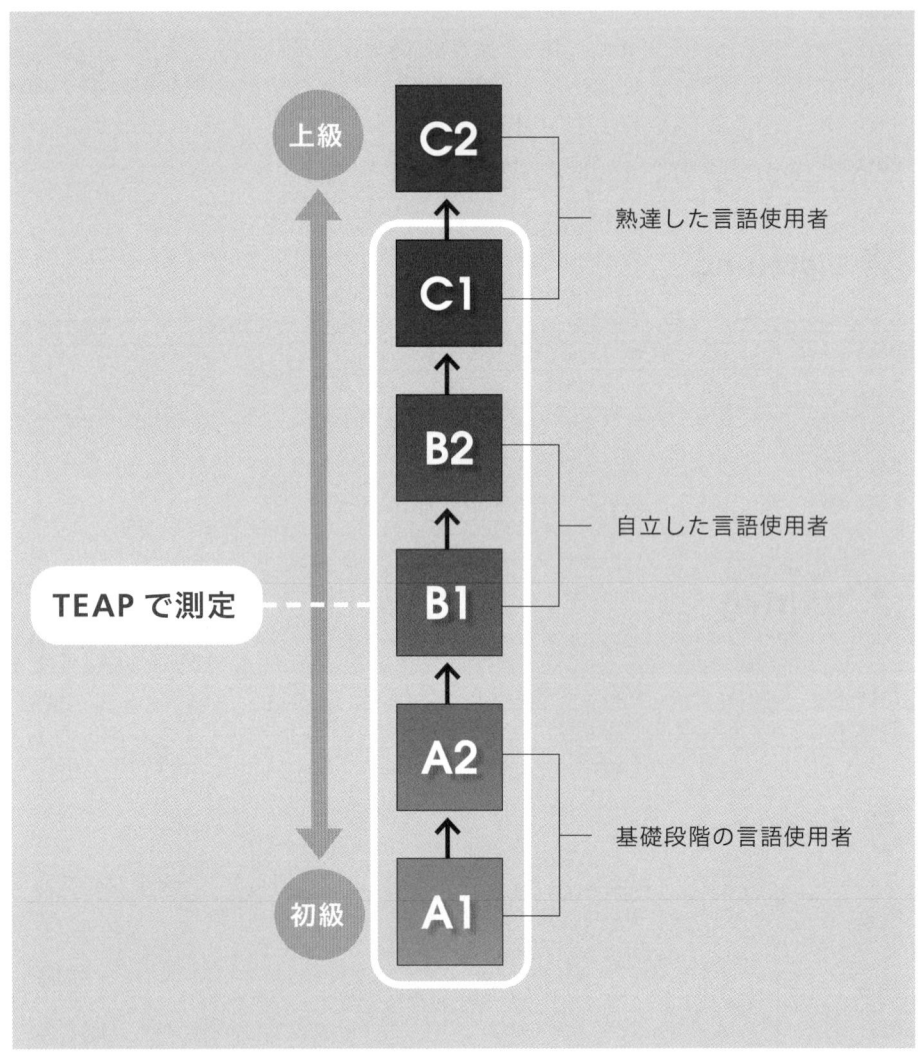

成績表の見方

試験の結果は，ウェブサイト上，および郵送で送られる以下のような成績表で確認ができます。

スコア
各技能の結果から算出されたスコア

CEFR
各技能のスコアに基づいた CEFR のレベル

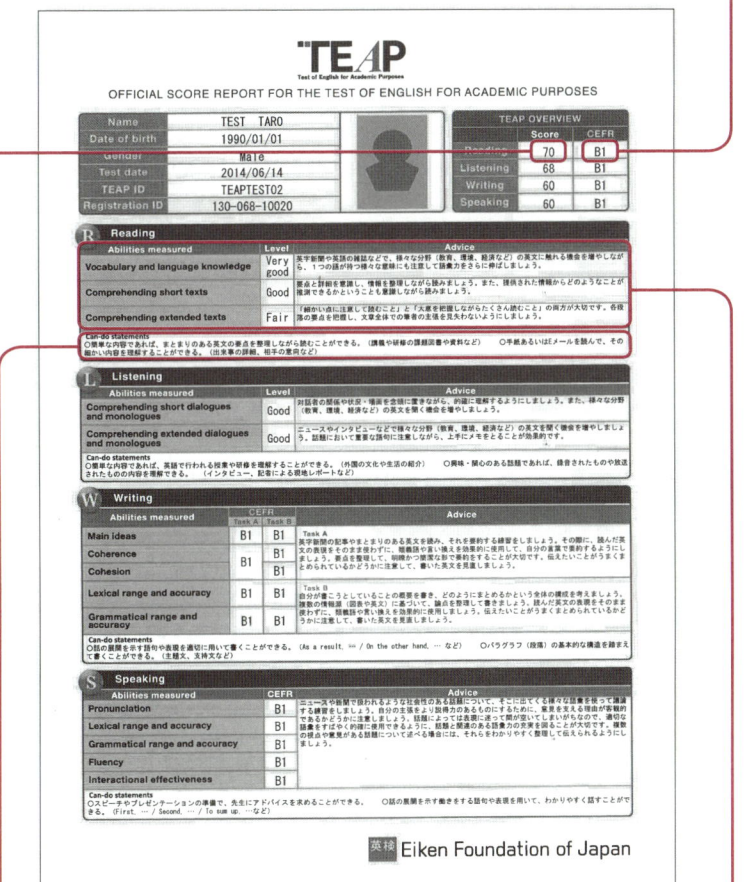

Can-do statements
各技能の結果に基づいた，大学レベルのアカデミックな場面で具体的にどのようなことができるかの目安

学習アドバイス
各技能においての，能力のレベルとそれに基づいた具体的なアドバイス

11

受験案内

試験日程
試験は年に 3 回実施されます。

第 1 回：	7 月
第 2 回：	9 月
第 3 回：	11 月

※年度により異なる可能性があります。

受験パターン・受験料
受験パターンは 2 つあり，それぞれの受験料は以下の通りです。

4 技能パターン (Reading / Listening + Writing + Speaking)   15,000 円

2 技能パターン (Reading / Listening)   6,000 円

受験資格

高校 1 年生以上。

2023 年度に受験する場合，2008 年 4 月 1 日以前の生まれであること。

スコアの有効期限

スコアの取得後から 2 年度の間有効。

2023 年度 TEAP 受験の場合，2025 年度入試まで利用可能。

申し込みの流れ

試験の申し込みは，TEAP ウェブサイトにて以下のステップで行われます。

ステップ 1	…… TEAP ID の登録
ステップ 2	…… TEAP ID でログイン
ステップ 3	…… 受験日・受験地域・受験パターンの選択
ステップ 4	…… 会場の選択
ステップ 5	…… 支払い方法の選択（クレジットカード決済またはコンビニ支払・郵便局 ATM 支払） → 支払い
ステップ 6	…… 申し込み完了

申し込み締め切りなどの詳細は，TEAP ウェブサイトで必ずご確認ください。また，試験のスケジュールは受験時期・受験パターンにより異なりますので，ご注意ください。

問い合わせ先

TEAP ウェブサイト　　https://www.eiken.or.jp/teap/

英検サービスセンター　TEAP 運営事務局　　TEL：03-3266-6556
※平日 9:30〜17:00（土・日・祝日を除く）
ただし試験前日・当日は以下の通り窓口開設
試験前日 9:30〜12:00／試験当日 8:00〜17:30

リスニング CD について

リスニングの例題・練習問題の音声がすべて収録されています。本文中ではトラック番号を ⊙ Tr.1 というアイコンで示しています。

【トラック番号】

Part 1A	指示文	⊙ Tr.1
	例題	⊙ Tr.2
	練習問題	⊙ Tr.3 〜 Tr.12
Part 1B	指示文	⊙ Tr.13
	例題	⊙ Tr.14
	練習問題	⊙ Tr.15 〜 Tr.24
Part 1C	指示文	⊙ Tr.25
	例題	⊙ Tr.26
	練習問題	⊙ Tr.27 〜 Tr.31
Part 2A	指示文	⊙ Tr.32
	例題	⊙ Tr.33 〜 Tr.35
	練習問題	⊙ Tr.36 〜 Tr.47
Part 2B	指示文	⊙ Tr.48
	例題	⊙ Tr.49 〜 Tr.51
	練習問題	⊙ Tr.52 〜 Tr.71

【注意】付属の CD は，音楽 CD プレーヤーでの再生を前提としております。パソコンなどで再生する場合，あるいはスマートフォン・携帯型音楽プレーヤーに取り込む場合には不具合が生じる可能性がございますことを，あらかじめご了承ください。

Reading

リーディングの出題内容	……	16
Part 1	……	18
Part 2A	……	30
Part 2B	……	44
Part 2C	……	58
Part 3A	……	82
Part 3B	……	94

リーディングの出題内容

試験当日，TEAP の 4 技能（→ p.9）のうち最初に行われるのがリーディングです。リーディングとリスニングは同時受験で，1 冊になっている問題冊子のうち前半がリーディングの問題です。リーディングとリスニングの間には区切りのページがあり，リスニングが始まるまで後半のページを見ないよう指示されています。

リーディングは，60 問の問題を 70 分で解くことが求められます。

パート	出題内容	問題数	目標解答時間
Part 1 語彙・語法	アカデミックな内容の短文の空所に入る適切な語（句）を選びます。 出題のねらい◎大学での授業や資料・文献などを理解する上で必要とされるアカデミックな語彙力	20 問	約 7 分
Part 2A 図表の読み取り	大学の講義などを想定した図表とそれに関する問いに対して，適切な文を選びます。 出題のねらい◎授業や資料・文献などにおける視覚情報の理解とそれに基づく類推	5 問	約 7 分
Part 2B 掲示・E メール などの読み取り	大学での掲示や E メールを想定した英文とそれに関する問いに対して，適切な文や語句を選びます。 出題のねらい◎学業に関わる掲示・E メールなどにおける情報の理解	5 問	約 8 分
Part 2C 短い英文の読み取り	アカデミックな内容の短い英文とそれに関する問いに対して，適切な文や語句を選びます。 出題のねらい◎教材や資料・文献などにおけるパラグラフ単位の英文理解	10 問	約 15 分
Part 3A 長い英文の読み取り	アカデミックな内容の長い英文の空所に入る適切な語（句）を選びます。 出題のねらい◎教材や資料・文献などにおける英文の文脈や論理の流れの理解	2 題 8 問	約 8 分
Part 3B 長い英文の読み取り （図表も含む）	アカデミックな内容の長い英文とそれに関する複数の問いに対して，適切な文や語句を選びます。 出題のねらい◎教材や資料・文献などにおける英文の詳細理解（図表も含む）	2 題 12 問	約 25 分
		計 60 問	計 70 分

Reading Section

Part 1

There are 20 very short reading texts below, and in each text there is a gap. Choose the best word or phrase from among the four choices to fill the gap. Mark your answer on your answer sheet.

(1) After grading over 300 history essays, Professor Martin went to the drugstore to get some medicine because he had a (　　) headache.
 1 broad　　2 severe　　3 rigid　　4 calm

(2) There is an (　　) debate among environmental scientists about the best way to fight global warming. Different approaches each seem to have their own pros and cons.
 1 absolute　　2 overhead　　3 ongoing　　4 abrupt

(3) The cost of traveling overseas has risen sharply in recent years. (　　), the number of travelers choosing foreign destinations remains steady.
 1 Furthermore　　2 Consequently　　3 Nonetheless　　4 Likewise

(4) Professor Roberts was sick last Monday, so she asked a graduate student from the history department to teach her classes in her (　　).
 1 presence　　2 half　　3 stage　　4 place

(5) The members of the graduating class planted a cherry tree next to the college's main gate to (　　) their graduation.
 1 commit　　2 commemorate　　3 commute　　4 compensate

(6) Online advertising is a fairly new (　　) that universities are using to promote their undergraduate and graduate programs.
 1 portion　　2 medium　　3 slogan　　4 episode

(7) After three students reported symptoms of a new kind of influenza, all of the classes at the school were canceled to try to prevent an (　　) in the town.
 1 exaggeration　　2 evaluation　　3 epidemic　　4 exhibition

(8) Having made many entertaining and thought-provoking points, the graduation speaker (　　) his talk by encouraging graduates to achieve excellence in every area of their lives.
 1 edited　　2 concluded　　3 analyzed　　4 determined

Reading Section

Part 2A

There are five graphs or charts below. Each graph or chart is followed by a question about it. For each question, choose the best answer from among the four choices and mark your answer on your answer sheet.

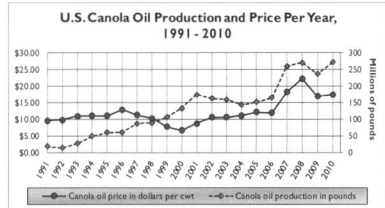

U.S. Canola Oil Production and Price Per Year, 1991 - 2010

[21] You are learning about market trends in clean-energy sources such as canola oil. Which of the following statements is best supported by the above graph?
 1 Demand for canola oil decreased during the late 1990s, leading to a drop in prices.
 2 Demand for canola oil peaked in 2009, after which prices and production decreased.
 3 The canola market has been consistent, with price and production rising steadily.
 4 The canola market has generally weakened since the 1990s, and overall production has decreased.

(いずれも TEAP 見本問題 1 より)

Part 1　語彙・語法

問題数	20 問
出題内容	アカデミックな内容や，大学生活に関わる内容の短文の空所に入る適切な語(句)を選びます。
めやす解答時間	約 7 分
指示文	There are 20 very short reading texts below, and in each text there is a gap. Choose the best word or phrase from among the four choices to fill the gap. Mark your answer on your answer sheet. (以下には 20 のごく短い文があり，それぞれの文には 1 つの空所があります。空所を補うのに最も適切な語(句)を 4 つの選択肢のうちから 1 つ選びなさい。解答は解答用紙にマークしなさい。)

例題

Weather forecasts are more (　　　) today than in the past, due to developments in technology and improved understanding of weather patterns.

1 cynical　　**2** accurate　　**3** tolerant　　**4** defective

(TEAP 見本問題 1 より)

正解：2

問題の訳　今日，天気予報は技術の進歩や気象パターンを把握する能力の向上のおかげで，以前より正確である。
1 皮肉な　　**2** 正確な　　**3** 寛大な　　**4** 欠点のある

解説　天気予報が以前よりもどのようになっているかを表す適切な形容詞を選ぶ，文脈の把握と語彙力が試される問題です。文の後半の due to developments in ～「～の向上のおかげで」という部分から，好ましい意味の語が入ると予想できます。否定的な意味合いの **1** と **4** をすぐに除外して正解を絞ることができるとよいでしょう。

◎ Reading Part 1 の解き方

このパートでは，文脈に応じた適切な語(句)を選ぶことが求められます。語彙の問題ではありますが，空所を除く部分の意味がわかった上で文脈を考えなければいけないので，読解力を問う問題であるとも言えます。

◎ 解答の手順

▶▶ 1 まず構文に注意しながら話題を判断します。そして空所の前後との関係で入る語(句)の意味を推測します。
▶▶ 2 4つの選択肢に目を通し，品詞や語形(動詞の時制や，分詞になっているか，単数形か複数形かなど)を確認します。選択肢の品詞や形はそろえられていることがほとんどです。
▶▶ 3 選んだ語(句)を空所に入れて，何か読み落としがないかを意識しながら読み直し，意味が通る英文になるか確認します。

◎ 着眼点

〈空所に入る表現は何か〉
20問のうち，空所になる語は動詞，名詞，形容詞が多く，数は少ないですが副詞も出題されます。最後の数問は〈動詞＋前置詞［副詞］〉という組み合わせの熟語が出題されることが多いです。単語も熟語もほぼ英検2級レベル，センター試験レベルのものが中心と考えてよいでしょう。スペリングや意味で紛らわしいものから選択させるような問題はありません。

〈文のテーマは何か〉
大学生活(学校，学生，授業，教職員など)や学問，教育に関する文が多いですが，他に通信，健康，公共施設，社会問題などの広範な話題が登場します。なじみのない話題であっても，専門分野に関する特殊な知識，表現を問われることはありませんので落ち着いて読みましょう。

 ワンポイントアドバイス

英検2級，センター試験に対応するための語彙力が最低限必要です。難語を覚えるよりも，基本語の意味を確実におさえておくことが有効でしょう。また，簡単な単語の意外な意味が出題されることもあるので，多義語に注意した語彙学習をしておきたいものです。

📖 Part 1　　　　練 習 問 題

There are 20 very short reading texts below, and in each text there is a gap. Choose the best word or phrase from among the four choices to fill the gap.

(1) Although Tina made a big mistake in her classroom presentation, she took complete (　　) for it and promised to do better next time.
　　1 responsibility　**2** advantage　**3** account　**4** measure

(2) Hydroelectric power creates clean and virtually limitless energy. Nevertheless, construction of dams can (　　) local ecosystems.
　　1 improve　**2** translate　**3** modify　**4** impact

(3) Social media has emerged as an effective technological (　　) not only for individuals but major advertisers, nonprofits, and other organizations.
　　1 reputation　**2** object　**3** platform　**4** transition

(4) Many of the predictions of British author H. G. Wells, like submarines, have become realities, making him one of the most (　　) authors in history.
　　1 sustained　**2** continuous　**3** resilient　**4** prescient

20

(1) 正解：1

問題の訳 ティナは授業の発表で大きな間違いをしてしまったが，彼女はそのことに対して完全な責任を取り，次回はもっと良い発表をすると約束した。

解説 **1** responsibility「責任」，**2** advantage「優勢」，**3** account「考慮」，**4** measure「寸法」。どの名詞も前に take を置くことはできますが，意味が通じ，後ろに for が続くのは **1** の take responsibility for ～「～の責任を取る」のみです。**2** と **3** は of をとって take advantage of ～「～を利用する」，take account of ～「～を考慮に入れる」となり，**4** の measure は take the measure of ～ で「～の寸法を測る，（性質［力量］）を見定める」となります。

Vocabulary □ presentation 图 発表　□ complete 形 完全な

(2) 正解：4

問題の訳 水力発電による電力はクリーンで事実上無限のエネルギーを作り出す。そうであっても，ダムの建設は地元の生態系に悪影響を与える可能性がある。

解説 **1** improve「～を向上させる」，**2** translate「～を翻訳する」，**3** modify「～を修正する」，**4** impact「～に（有害な）影響を与える」。目的語が local ecosystems であり，意味の上で成り立つのは impact です。Nevertheless「そうであっても」に続くので前文とは違う，否定的な内容がくると判断できますので，**1** はすぐ除外します。**2** の translate，**3** の modify では意味が成り立ちません。

Vocabulary □ hydroelectric 形 水力発電の　□ power 图 電力　□ virtually 副 事実上　□ limitless 形 無限の　□ nevertheless 副 それでも　□ construction 图 建設　□ ecosystem 图 生態系

(3) 正解：3

問題の訳 ソーシャルメディアは，個人だけでなく主な広告主，非営利団体やその他の組織のための効果的な技術上の基盤として出現した。

解説 **1** reputation「評判」，**2** object「物体」，**3** platform「基盤（となるシステム），プラットフォーム」，**4** transition「移行」。インターネットを利用したメディアの 1 形態を表すものなので **3** の platform が適切です。他の 3 つでは意味を成しません。platform は多義語で，「駅などのホーム，足場，演壇，政党などの綱領」などの意味がありますが，「基盤となるもの［場］」という意味でも覚えておきましょう。

Vocabulary □ emerge 動 出現する　□ effective 形 効果的な　□ individual 图 個人　□ advertiser 图 広告主　□ nonprofit 图 非営利団体［組織］（= nonprofit organization）

(4) 正解：4

問題の訳 潜水艦のような，英国の作家 H.G. ウェルズが予言したものの多くが現実のものとなり，そのことが彼を歴史上最も先見の明がある作家の 1 人としている。

解説 **1** sustained「維持された」，**2** continuous「継続的な」，**3** resilient「回復力が高い」，**4** prescient「先見の明がある」。人物の前に置くものとして適切な形容詞を選びます。潜水艦などの出現を予言した作家に対する表現ですから **4** の prescient が適切です。初見の語であっても pre-「前の」という意味を持つ接頭辞から意味が予測できるでしょう。

Vocabulary □ prediction 图 予言　□ author 图 作家　□ submarine 图 潜水艦

(5) Carlow University works hard to (　　) strong relationships with other universities around the world, especially those specializing in the humanities.
 1 convince **2** install **3** forge **4** surmise

(6) Dr. Smith never becomes (　　), no matter how disappointed he is by the dishonesty and cruelty that he sees in the world.
 1 patient **2** versatile **3** immovable **4** cynical

(7) After winning a global science award, Professor Lim gained a lot of (　　) in her field and among the general public.
 1 conversion **2** prestige **3** allowance **4** probability

(8) American police have strict limitations on the use of deadly force. (　　), every police shooting is reviewed to ensure its lawfulness.
 1 Oppositely **2** Nevertheless **3** In effect **4** In line with that

(5) 正解：3

問題の訳 カーロウ大学は，特に人文科学を専門とする世界中の他大学と強固な関係を創り上げようと懸命に活動している。

解説 **1** convince「〜に確信させる」，**2** install「〜を設置する」，**3** forge「〜を創り上げる」，**4** surmise「〜を推測する」。目的語が「強固な関係」なので適切な動詞は **3** の forge のみに絞られます。build，establish，form なども同様の意味で用いられます。convince と install はどちらも目的語に relationship はふさわしくありません。また，surmise もこの文では意味が通りません。なお，forge には「〜を偽造［ねつ造］する」という意味もあるので覚えておきましょう。

Vocabulary
□ specialize in 〜 〜を専門とする，専攻する
□ humanities 图 人文科学(特に語学，文学，歴史，哲学など)

(6) 正解：4

問題の訳 スミス博士は，世間で自分が目にする不誠実さや残酷さにどれほど失望したとしても，懐疑的になることは決してない。

解説 **1** patient「忍耐強い」，**2** versatile「多才な」，**3** immovable「不動の」，**4** cynical「冷笑的，懐疑的な」。「どれほど失望したとしても」という文脈で，never becomes の補語として適切なのは **4** の cynical だけです。**1**，**2** は肯定的な意味の形容詞で，文脈には合わないのですぐに除外できるでしょう。なお cynical には「皮肉な，世をすねた」などの訳語もあてられます。

Vocabulary
□ no matter how 〜 いくら〜でも　□ dishonesty 图 不正直，不誠実　□ cruelty 图 残酷さ

(7) 正解：2

問題の訳 世界的な科学賞を受賞した後，リム教授は彼女の専門分野において，そして一般大衆の間で広く名声を得た。

解説 **1** conversion「転換」，**2** prestige「名声」，**3** allowance「手当，小遣い」，**4** probability「可能性」。学者が賞を受賞した結果得られるものとして適切なのは **2** の「名声」と考えられます。in her field「彼女の専門分野で」，among the general public「一般大衆の間で」という表現からも，**1**，**3**，**4** は全く意味を成さない表現であると判断できます。

Vocabulary
□ award 图 賞　□ field 图 専門分野　□ general public 一般大衆

(8) 正解：4

問題の訳 アメリカの警察は，殺傷力を持つ武器の使用に厳しい制限を設けている。それに従って，警察による発砲の事例はどれもその合法性を確認するために精査される。

解説 **1** Oppositely「反対に，向かい合って」，**2** Nevertheless「それにもかかわらず」，**3** In effect「実質的に」，**4** In line with that「それに従って」。空所の後には武力の行使に対する制限に基づいて行われる行為が述べられているので **4** が適切です。残りの3つは文脈に合いません。

Vocabulary
□ limitation 图 制限　□ deadly 形 致死の　□ force 图 武力　□ shooting 图 発砲行為
□ review 動 〜を精査する　□ ensure 動 〜を確認する　□ lawfulness 图 合法性

(9) Rekko College encourages students to speak with their academic advisors to choose majors and ( ) their career options.
    1 evaluate   **2** anticipate   **3** impound   **4** provoke

(10) Small and often orbiting close to the earth, asteroids could be ideal for mineral ( ). This is why commercial firms are targeting them in their plans.
    1 currency   **2** exploitation   **3** assistant   **4** investor

(11) Professor Tran will likely ( ) the part of his class which deals with cyber security no later than next week.
    1 impress   **2** escort   **3** conclude   **4** detain

(12) When a 12.3% increase in tuition was announced, many students expressed their ( ) with the decision both online and in outdoor protests.
    1 dissatisfaction **2** comparison   **3** abruptness   **4** defection

(9) .... 正解：**1**

問題の訳 レコー大学は学生たちに，専攻科目を選び，自分の職業上の選択肢を評価するために，学業アドバイザーと話し合うことを奨励している。

解　説 **1** evaluate「〜を評価する」，**2** anticipate「〜を期待する」，**3** impound「〜を押収する」，**4** provoke「〜を引き起こす」。their career options を目的語とする適切な他動詞を選ぶと考えると，**1** の evaluate が最適な表現とわかります。**2** の anticipate，**3** の impound，**4** の provoke はいずれも意味の上でつながりません。

Vocabulary □ encourage 人 to *do* 人が〜することを奨励する　□ academic 形 学問の
□ major 名 専攻科目　□ career 名 職業　□ option 名 選択

(10) .... 正解：**2**

問題の訳 小さく，そしてしばしば地球の近くの軌道を回っているので，小惑星は鉱物資源の開発に理想的であると言える。だからこそ営利企業が計略上それらを目標として捉えているのだ。

解　説 **1** currency「通貨」，**2** exploitation「開発」，**3** assistant「補助手段」，**4** investor「投資者」。最初の文は前に Being を補って，理由を表す分詞構文と捉えます。「地球に近い軌道を回る」ゆえに「小惑星」は鉱物資源の何として理想的なのか，と考えれば **2** の「開発」しか適切なものはありません。asteroid の意味がわからない場合でも，文脈で意味を類推できるでしょう。

Vocabulary □ orbit 動 軌道上を回る　□ asteroid 名 小惑星　□ mineral 名 鉱物（資源）
□ commercial firm 営利企業　□ target 動 〜を目標にする

(11) .... 正解：**3**

問題の訳 トラン教授はおそらく遅くとも来週までには彼の授業の中でのサイバーセキュリティーを扱う部分を完了するでしょう。

解　説 **1** impress「〜に印象づける」，**2** escort「〜に付き添う」，**3** conclude「〜を終える」，**4** detain「〜を留置する」。「授業の中のある部分」が目的語であることを考えると **3** の conclude しか適するものはありません。「結論付ける」の意味もありますが，「終える」の意味でも覚えておきましょう。

Vocabulary □ no later than 〜 遅くとも〜には

(12) .... 正解：**1**

問題の訳 授業料の 12.3 パーセント値上げが発表されると，多くの学生がインターネット上，屋外の抗議活動の両方においてその決定に対する不満の念を表明した。

解　説 **1** dissatisfaction「不満」，**2** comparison「比較」，**3** abruptness「唐突さ」，**4** defection「背信行為」。授業料の値上げに対して学生たちが抗議活動で表明するものなので，satisfaction「満足」の反意語である **1** の dissatisfaction を選びます。**2** が compare「比較する」，**3** が abrupt「唐突な」，**4** が defect「離反する」のそれぞれ名詞形であることがわかればすぐに正解を判断できるでしょう。

Vocabulary □ tuition 名 授業料　□ announce 動 〜を発表する　□ decision 名 決定
□ protest 名 抗議活動

25

(13) Professor Chekov explained that all students would have to write a research paper that (   ) their knowledge of the topic.
    1 complicates   **2** emulates   **3** appreciates   **4** demonstrates

(14) After the school hired more security staff, (   ) on campus decreased significantly. This led to a general relief among students and faculty.
    1 thefts   **2** purchases   **3** expenses   **4** encounters

(15) Serle University is a private institution, so visitors must (   ) at the entrance, even if they will only be on the campus grounds briefly.
    1 hesitate   **2** participate   **3** compete   **4** register

(16) Henley College offers academic and need-based scholarships to everyone, (   ) citizenship status. This means that international students are welcome to apply.
    1 by means of   **2** on account of   **3** in contrast to   **4** regardless of

(13) 正解：4

問題の訳 全ての学生は，その話題に関する自分の知識を示す研究レポートを書かなければならない，とチェコフ教授は説明した。

解説 **1** complicate「～を複雑にする」，**2** emulate「～を見習う」，**3** appreciate「～の良さを認識する」，**4** demonstrate「～を証明する」。their knowledge が目的語なので空所にふさわしいのは **4** の demonstrate です。research paper がその主語にあたることからも他の動詞では意味が通りません。

Vocabulary □ research paper 研究レポート

(14) 正解：1

問題の訳 大学がさらに多くの警備スタッフを雇い入れた後，大学構内の窃盗は大幅に減少した。このことは学生や教職員の間の全般的な安心感につながった。

解説 **1** theft「窃盗」，**2** purchase「購入」，**3** expense「出費」，**4** encounter「出会い」。警備対応策を強化したことで減少につながったものとして適切なのは **1** の theft のみです。**2** の purchase，**3** の expense，**4** の encounter は「減少した」ものとして文脈上全くふさわしくないと判断できます。

Vocabulary □ hire 動 ～を雇う　□ security 名 警備　□ lead to ～ ～につながる　□ relief 名 安心
□ faculty 名 (大学の)教職員

(15) 正解：4

問題の訳 サール大学は私立の施設なので，訪問者はたとえキャンパスの敷地に短時間だけいる場合であっても入り口で記名をしなければなりません。

解説 **1** hesitate「ためらう」，**2** participate「参加する」，**3** compete「競争する」，**4** register「記名する，登録する」。施設の入り口でしなければならないこととして適切なのは **4** の register のみです。**1**，**2**，**3** は意味の上で合致しません。なお，register には「～を登録する」という他動詞の働きもあることも覚えておきましょう。

Vocabulary □ briefly 副 短時間で，短く

(16) 正解：4

問題の訳 ヘンリー大学は，学業に関連した，そして必要に基づいた各種奨学金を，市民権上の身分に関係なく誰に対しても提供している。これは外国からの留学生が自由に応募できるということである。

解説 **1** by means of「～を使って」，**2** on account of「～のせいで」，**3** in contrast to「～とは対照的に」，**4** regardless of「～に関係なく」。everyone につながる補足的な表現であり，citizenship status「市民権上の身分(＝市民権の有無)」を対象とした表現なので「～に関係なく」という **4** の regardless of だけが適切です。この表現は「～が何であっても」という意味なので in spite of「～にもかかわらず」とは区別しましょう。

Vocabulary □ need-based 形 必要性に基づいた　□ scholarship 名 奨学金
□ be welcome to do 自由に～できる　□ apply 動 応募する

(17) (   ) is an important part of this course, so students are expected to speak up in discussions and actively respond to the professor's questions.
    1 Recreation   **2** Conservation   **3** Participation   **4** Regulation

(18) Students caught cheating in any course will not be (   ) with a warning. Instead, they will face discipline that could include expulsion.
    1 put on   **2** let off   **3** sent up   **4** held out

(19) Golko University allows students to have dual majors. This enables them to (   ) into other areas of study.
    1 cut off   **2** get back   **3** branch out   **4** show off

(20) "This project will be challenging," said Professor Katz. "I suggest all of your study groups (   ) to handle it."
    1 hang up   **2** set back   **3** work off   **4** pull together

(17) 正解：3

問題の訳 （授業への）参加がこの講座の重要な要素なので，学生は討議においてはっきりと発言し，積極的に教授の質問に応答することが求められる。

解説 **1** Recreation「娯楽」，**2** Conservation「保護」，**3** Participation「参加」，**4** Regulation「統制」。空所には，students are expected to 以下に示された行為を言い換えた名詞が入ると考えられます。speak up し，actively respond することですから講義に「参加」すること，つまり **3** の Participation が適切です。このような言い換えに注目すると正解が選べるでしょう。

Vocabulary □ speak up はっきりと発言する（= speak out）

(18) 正解：2

問題の訳 どの講座であっても，不正行為をしているところを見つかった学生は警告で許されることはない。その代わりに場合によっては除籍処分を含むような懲罰を受けることになる。

解説 **1** put on「～を身につける」，**2** let off「～を無罪放免にする」，**3** send up「～を上昇させる」，**4** hold out「～を差し出す」。不正行為をした学生は「～ということにはならない」という文脈で，懲罰を受けることが述べられているので **2** の let off が適切です。with a warning は「警告によって，警告を受けて」の意味です。他のイディオムでは意味が通じません。

Vocabulary □ be caught *doing* ～しているところを見つかる　□ cheat 動 不正行為をする　□ warning 名 警告　□ face 動 ～に直面する，～を受ける　□ discipline 名 懲罰　□ expulsion 名 除籍，追放

(19) 正解：3

問題の訳 ゴルコー大学は学生たちが2つの専攻科目を持つことを許可している。これは学生たちが他の研究分野に関心の範囲を広げることを可能にしている。

解説 **1** cut off「急いで立ち去る」，**2** get back「戻る，帰る」，**3** branch out「（関心や活動を）拡張する」，**4** show off「目立とうとする」。後ろの into other areas of study につながるイディオムを選びます。2つの専攻科目を持つことが可能にすることですから **3** の branch out が適切です。branch は動詞として「（枝が）伸びる，分かれる」という意味があることを覚えておきましょう。

Vocabulary □ dual 形 2重の，2つの　□ enable A to *do* Aが～することを可能にする

(20) 正解：4

問題の訳 「このプロジェクトは難しいものになるでしょう」とキャッツ教授は言った。「私は君たちの研究グループの全員がこれに対処するために協力して行動することを勧めます」。

解説 **1** hang up「電話を切る」，**2** set back「～を邪魔する」，**3** work off「～を取り除く」，**4** pull together「協力して行動する」。プロジェクトに対処するためにしなければいけないことなので **4** の pull together を選びます。選択に悩む場合は文脈から判断して「協力」というイメージのある together を含むイディオムを選ぶとよいでしょう。

Vocabulary □ challenging 形 難しい，やりがいのある

Part 2A　図表の読み取り

問題数	5問
出題内容	大学の講義などを想定した図表とそれに対する問いに対して、適切な文を選びます。
めやす解答時間	約7分
指示文	There are five graphs or charts below. Each graph or chart is followed by a question about it. For each question, choose the best answer from among the four choices and mark your answer on your answer sheet. （下に5つのグラフまたは図表があります。それぞれのグラフまたは図表の後に、それに関する質問が続きます。それぞれの質問に対し、最も適切な答えを4つの選択肢のうちから1つ選び、解答用紙にマークしなさい。）

例題

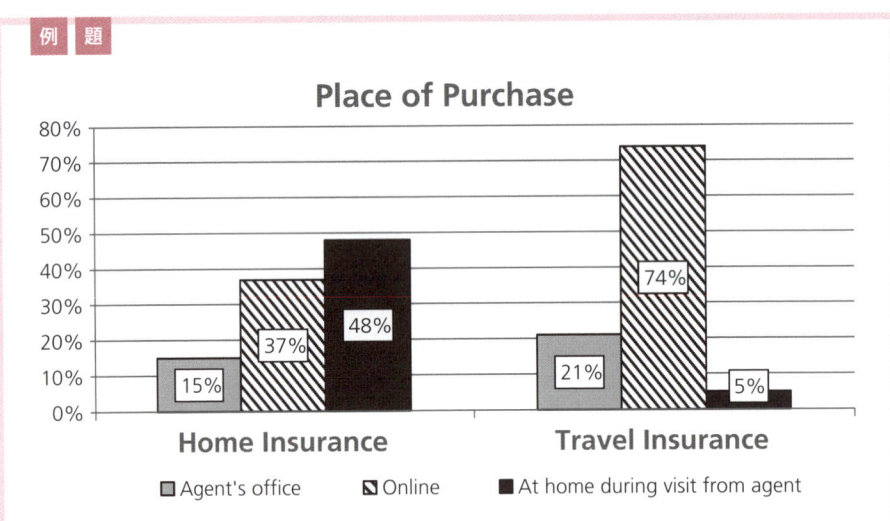

You are studying consumer behavior in your marketing class. Which of the following statements is best supported by the graph above?

1 Before purchasing travel insurance, customers want to discuss details of the product with an agent.

2 Customers looking for home insurance are likely to visit several agents before deciding on a product.

3 Companies that plan to offer travel insurance should invest more in website development than in the design of printed materials.
4 Agents selling home insurance policies should understand that most customers do not like to receive sales visits at home.

(TEAP 見本問題 2 より)

正解：3

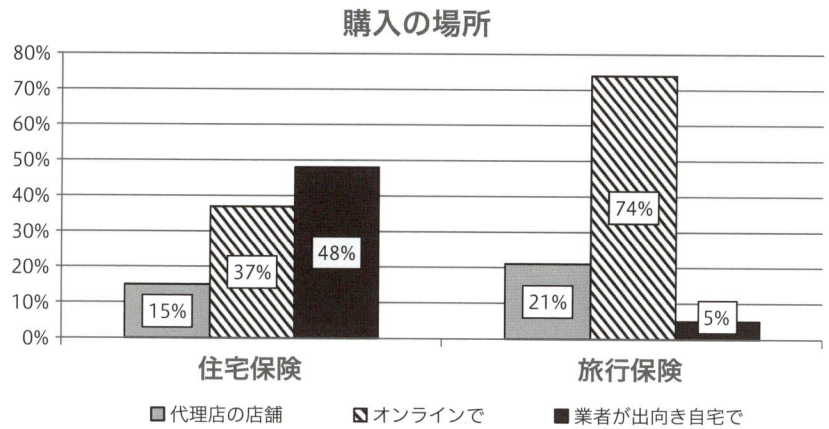

問題の訳 あなたはマーケティングの講義で消費者行動を研究しています。上のグラフにより最も裏付けられる記述は次のどれですか。
1 顧客は旅行保険の購入前に代理店と商品の詳細について話し合いたい。
2 住宅保険を探している顧客は商品を決める前に複数の代理店を訪ねる可能性が高い。
3 旅行保険を提供する予定の会社は，印刷物のデザインよりもウェブサイト開発により投資すべきである。
4 住宅保険契約を販売している代理店は，ほとんどの顧客が自宅にセールス訪問を受けたくないことを理解するべきである。

解説 住宅保険，旅行保険それぞれのグラフを見ると，前者は店舗＜オンライン＜自宅の順で割合が大きく，後者は自宅＜店舗＜オンラインの順になっていることがわかります。**1** は旅行保険のグラフでは「オンライン」が一番多いという点で，**2** は住宅保険のグラフでは「店舗」が一番少ないという点で，**4** は住宅保険のグラフでは「自宅」が一番多いという点で，グラフと選択肢が一致しません。旅行保険の大部分（74%）がインターネット上でなされているということは，**3** のようにウェブサイトへ投資することを提案するのが妥当と言えます。

◎ Reading Part 2A の解き方

このパートでは，グラフや表などの視覚情報から情報を読み取る力を測る問題が出題されます。図表を見ながら，それに関する設問の内容に合うものを4つの選択肢の中から選びます。

◎ 解答の手順

▶▶ **1** グラフのタイトル，グラフが示す要素，数値の特徴を見ます。
▶▶ **2** グラフの下にある設問を読みます。設問が何を求めているのか，グラフとどう関係するのかを見極めます。
▶▶ **3** グラフが示す情報と合致する選択肢を選びます。個々の選択肢をグラフに当てはめて，消去法で判断するのもよいでしょう。

◎ 着眼点

〈図表から読み取れるものは何か〉
出題される図表は折れ線グラフ，棒グラフ，円グラフなどですが，グラフではなく「表」が出ることもあります。折れ線グラフでは要素がどのように変わっていくか，棒グラフ，円グラフの場合にはそれぞれの要素がどのような数値や割合を示しているかを読み取るのが基本です。具体的な数値がいくつかということよりも，推移や傾向を読み取るだけで答えが導けることが多いでしょう。

〈設問は何を求めているか〉
設問は，グラフが示す情報の種類に応じて多岐にわたります。単なるグラフの読み取りだけでなく，前ページの例題のように「グラフを踏まえて，適当と考えられる対応方法」を選ぶような問題もありますので，注意が必要です。

 ワンポイントアドバイス

まず，各種のグラフの見方に慣れることが必要です。縦軸と横軸がそれぞれ示す数値や項目が何なのかを素早く判断しなければなりません。そしてグラフで用いられる英語表現，つまり各項目の名称，数値の種類を正確に判断する語彙力は当然備えておくべきです。センター試験第4問などのグラフを用いた問題に慣れ親しんでおくことが必要です。この問題は1つのグラフに関してグラフ全体に関わる1つの設問に答える形式ですので，早合点は禁物です。落ち着いて見直す姿勢で臨みましょう。

履修登録

高校では,一部の選択科目を除いてほとんどの場合,受けるべき授業や担当の先生がすでに決められていることが多いですが,大学では自分で授業をある程度自由に選ぶことができます。指定された枠組みの中から,自分で好きなクラスを選んで申し込み,講義を受けて,課題を提出したり試験に合格すれば単位がもらえる,という仕組み。必要な数の単位を集めれば卒業が認められるというわけです。

必ず取らなければいけない必修科目もありますが,その他は「なんとなく興味があるから」,「著名な先生の授業だから」,「仲の良い友人と同じ授業を受けたいから」などいろいろな事情を考えながら選んでいくことになります。TEAPでも「どのクラスを取るか,もう決めた?」とか,「○○先生のクラスを履修するために必要なのは…」といったシチュエーションの英文が出題されます。自分が大学に入ったときのことをイメージしながら取り組んでみましょう。

また,履修登録の際に参考にするのが,各クラスの講義概要(シラバス syllabus)。詳しい授業内容,年間の授業計画や,評価方法,受講のために必要な条件(例:先に基礎クラスを修了していること)などがまとまっているので,これから受ける授業をイメージすることができます。大学によってはホームページで公開していて,在校生でなくても見ることができますので,志望校・志望学部のシラバスを調べてモチベーションを上げるのもいいですね。

 Part 2A　　　　　練 習 問 題

There are five graphs or charts below. Each graph or chart is followed by a question about it. For each question, choose the best answer from among the four choices.

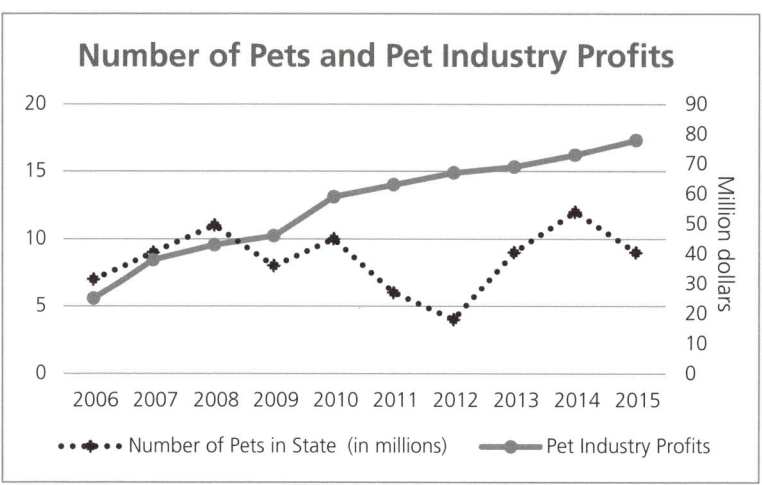

(1) You are learning about regional market trends in the pet industry. Which of the following statements is best supported by the above graph?
　1 The strong rise in pet ownership directly ties to a similar rise in pet industry profits.
　2 Decreases in pet ownership have a big effect on pet industry profits.
　3 Pet industry profits have steadily risen regardless of pet ownership levels.
　4 Pet ownership has remained steady, similar to pet industry profits.

(1) .... 正解：3

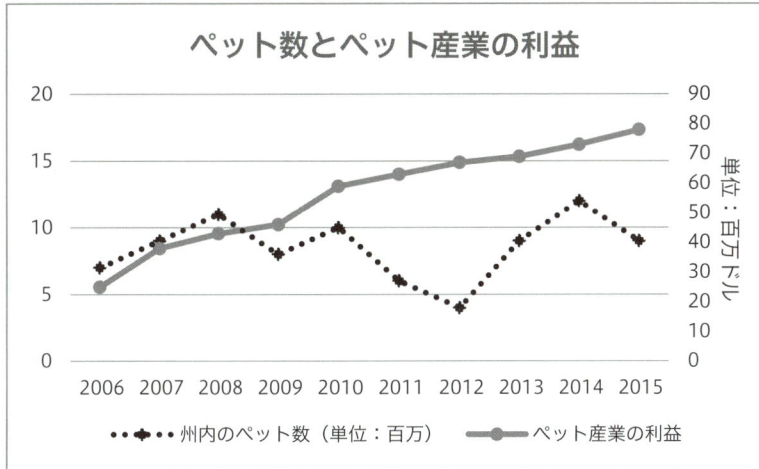

> **問題の訳** あなたはペット産業の地域別の市場傾向について学習しています。次の記述のうち，上のグラフによって最も裏付けられるものはどれですか。
> 1 ペット所有の大きな増加はペット産業の利益における類似した増加と直接的に結びついている。
> 2 ペット所有の減少はペット産業の利益に大きな影響を与えている。
> 3 ペット産業の利益はペット所有の程度に関係なく着実に増加している。
> 4 ペット所有は，ペット産業の利益と同様に安定したままである。

> **解説** グラフではペット数の動きに関係なくペット産業の利益が順調に増加していることが一目瞭然です。このことを最も明確に表しているのは **3** です。**1** と **2** はペット所有の増減とペット産業の利益との関連性を断言している点で不適。**4** はペット産業の利益の順調な増加と比較し，かなりの増減がみられるペット所有も「安定している」としている点で不適です。2 つの折れ線が示している項目とそれぞれの推移をしっかりと把握すれば確実に正解を判断できる問題です。

Vocabulary □ industry 图 産業　□ profit 图 利益，利潤　□ regional 形 地域の
□ market trend 市場の動向　□ ownership 图 所有すること
□ steadily 副 着実に，絶え間なく　□ remain 動 〜のままである

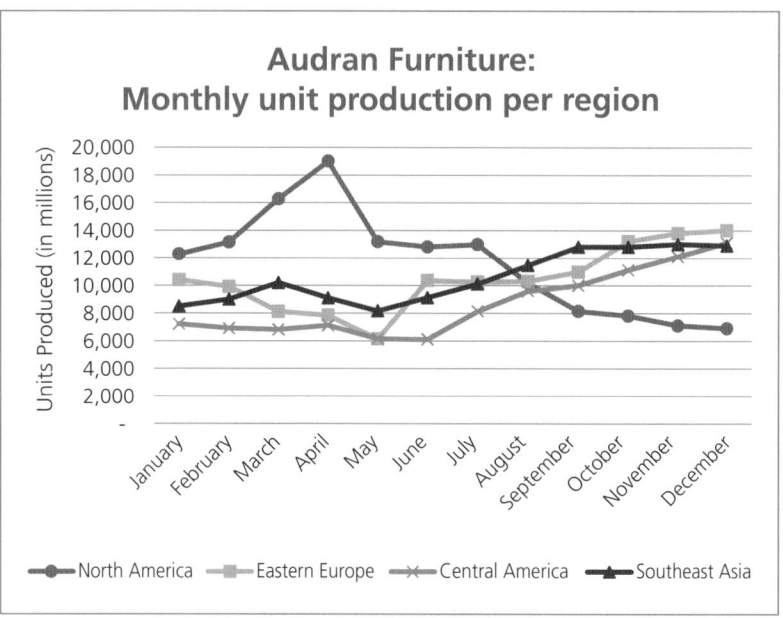

(2) In an economics course, you are reviewing a case study about a furniture corporation. Which of the following statements is best supported by the above graph?

1 North American factories had to suspend operations repeatedly in January and February due to snowstorms.
2 Eastern European factories received a record number of orders in May.
3 New equipment installed in Central American factories in July had an immediate impact.
4 A scarcity of supplies from August through the end of the year affected Southeast Asian factories.

(2) .... **正解：3**

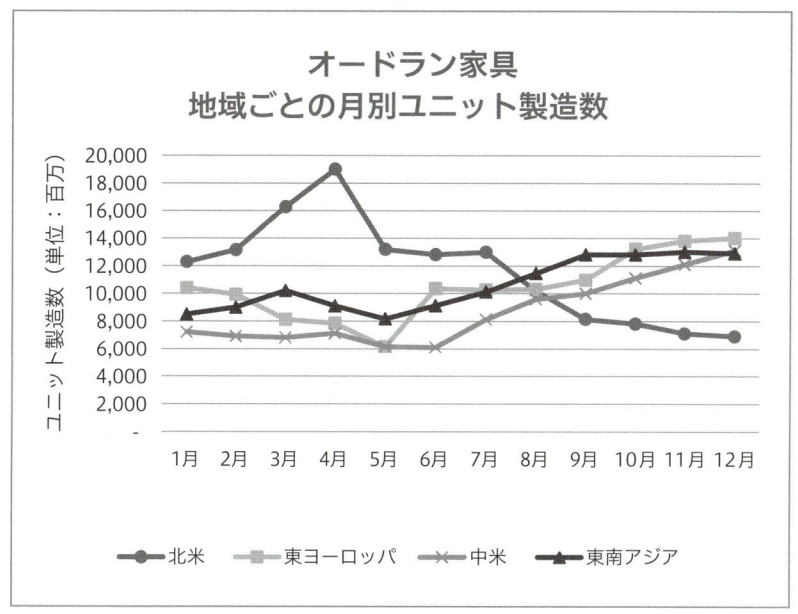

オードラン家具
地域ごとの月別ユニット製造数

(グラフ：縦軸 ユニット製造数（単位：百万）0〜20,000、横軸 1月〜12月、凡例 北米／東ヨーロッパ／中米／東南アジア)

> **問題の訳** あなたは経済学の講座で，ある家具会社に関する事例研究を再検討しています。次の記述のうち，上のグラフによって最も裏付けられるものはどれですか。
> 1 北米の工場は吹雪のため1月と2月に繰り返し操業を一時停止しなければならなかった。
> 2 東ヨーロッパの工場は5月に記録的な数の注文を受けた。
> 3 中米の工場で7月に設置された新しい設備はすぐに影響をもたらした。
> 4 8月から年末にかけての供給品の不足は東南アジアの工場に影響を与えた。

> **解説** 折れ線の数が4つあるので，月ごとのそれぞれの推移の特徴と選択肢の記述内容を順番に照合しましょう。1に関しては1, 2月より8〜12月の製造数の方が少ないので「操業を停止した」という内容は読み取れず，2は5月の製造数はむしろ最低なので不適です。3は7月以降に製造数が右肩上がりになっていることから，グラフによって裏付けられていると言えます。4は8月以降の製造数にマイナスの影響は見られないので不適切と判断できます。それぞれの折れ線が示す項目を見間違えないようにすることが大切です。

Vocabulary
□ furniture 图 家具　□ case study 事例研究　□ suspend 動 〜を中断する，延期する
□ operation 图 操業　□ repeatedly 副 繰り返して　□ due to 〜 〜のせいで
□ a record number of 〜 記録的な数の〜　□ equipment 图 設備　□ install 動 〜を設置する
□ immediate 形 即座の　□ scarcity 图 不足　□ supply 图 供給品
□ affect 動 〜に影響を与える

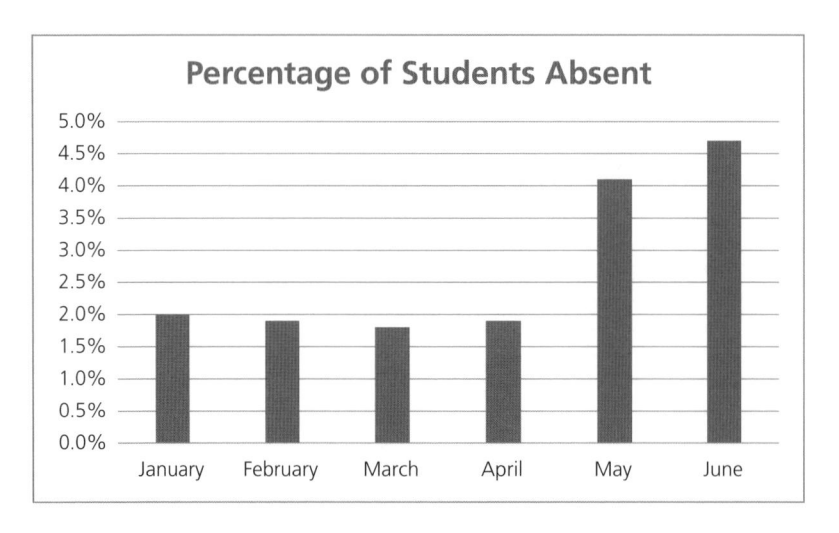

Percentage of Students Absent

Month	%
January	2.0%
February	1.9%
March	1.8%
April	1.9%
May	4.1%
June	4.7%

(3) Which of the following magazine articles is most likely to have included the above graph as evidence supporting its story?

1 A New Crisis: Student Absenteeism Rises toward Summer Season.
2 Why Won't They Come? Student Absenteeism Remains High throughout the Year.
3 Empty Schools of the New Year: Student Absenteeism Highest at the Beginning of Each Year.
4 Improving but Slowly: Research Shows a New Decline in Student Absenteeism.

(3) .... 正解：1

学生の欠席率

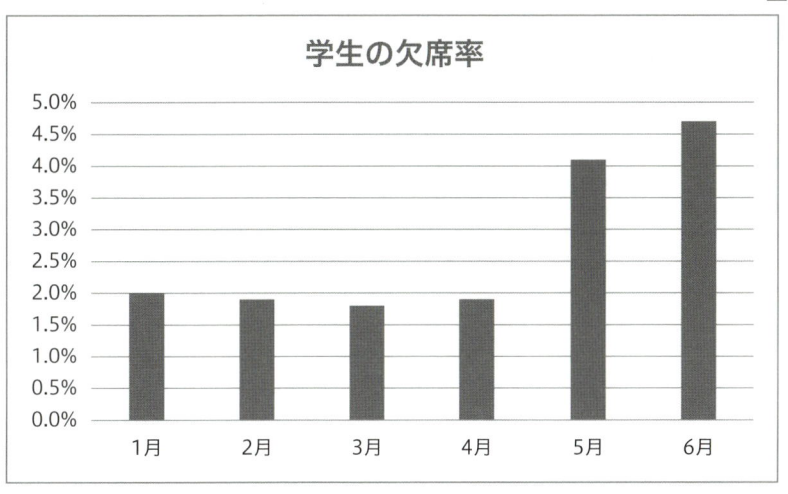

月	欠席率
1月	約2.0%
2月	約1.9%
3月	約1.8%
4月	約1.9%
5月	約4.1%
6月	約4.7%

問題の訳 次の雑誌記事のうち，その内容を裏付ける根拠として上のグラフを掲載している可能性が最も高いのはどれですか。

1 新たなる危機：学生の欠席は夏に近くなると増加する。
2 彼らはなぜ登校しないのか？ 学生の欠席率は年間を通して高率を維持する。
3 新年の閑散とした学校：毎年の初めに最高になる学生の欠席率。
4 改善はあるが緩やか：調査が学生の今までにない欠席率の低下傾向を示す。

解説 月ごとの学生の欠席率の推移を見れば，1月～4月の間は変動がないのに，5月，6月に急激に上昇していることは明らかです。このことを的確に言い表しているのは **1** ということになります。toward Summer Season「夏に向けて，夏が近づくと」という表現をしっかりと理解できるかが決め手です。**2** は「年間を通して」，**3** は「毎年の初めに」，**4** は「欠席率の低下傾向」という部分でこのグラフには適合しないと判断できるでしょう。

Vocabulary
□ article 名 記事　□ include 動 ～を含む，中に入れる　□ evidence 名 証拠，根拠
□ absenteeism 名 （常習的な）欠席　□ toward 前 ～に向けて，～近くに
□ throughout 前 ～を通してずっと　□ decline 名 低下，減少

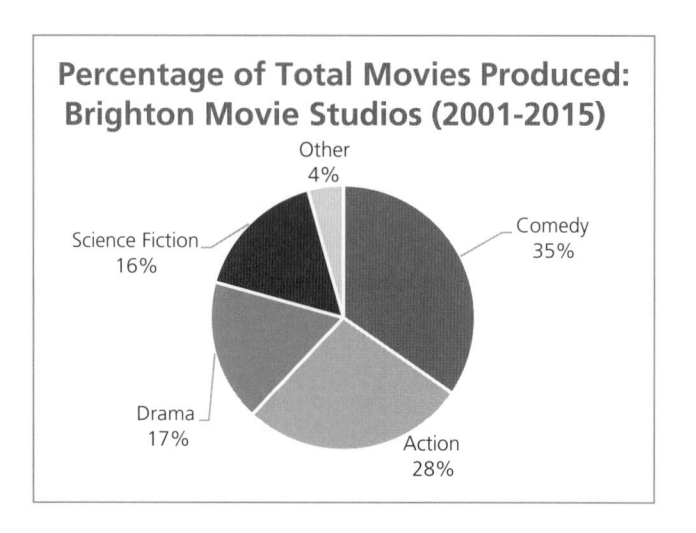

Percentage of Total Movies Produced: Brighton Movie Studios (2001-2015)

- Other 4%
- Comedy 35%
- Action 28%
- Drama 17%
- Science Fiction 16%

(4) Your teacher has asked you to revise a statement in your report because it is NOT supported by information in the above graph. Which statement needs to be revised?

   1 Two major genres of the studio's films account for nearly two-thirds of its production output.
   2 The company produces more comedies than the next two genres combined.
   3 The company produces about an equal number of science fiction and drama films.
   4 The company produces statistically tiny numbers of films in "other" genres.

(4) 正解：2

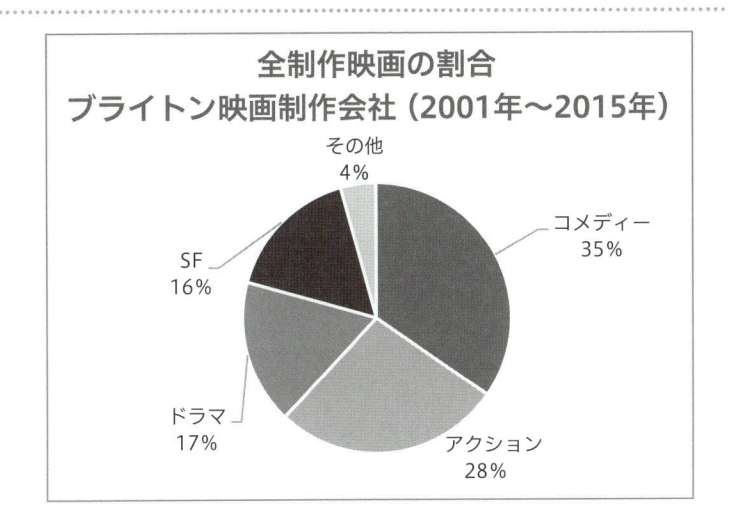

全制作映画の割合
ブライトン映画制作会社（2001年～2015年）

- その他 4%
- コメディー 35%
- アクション 28%
- ドラマ 17%
- SF 16%

問題の訳 先生があなたに，上のグラフの情報では裏付けられないという理由で，レポートの中のある記述を訂正するように求めています。どの記述が訂正される必要がありますか。
1 その映画制作会社の映画の2つの主要ジャンルは，その制作本数の3分の2近くを占める。
2 その会社はコメディー作品を，それに次ぐ2つのジャンルを合わせた本数よりも多く制作している。
3 その会社はほぼ同数のSF映画とドラマ映画を制作している。
4 その会社は「その他」のジャンルの映画を統計上ごく少数制作している。

解説 グラフが示しているものに合わない記述を選ぶ問題であることに注意してください。各ジャンルの映画の割合を見て各記述に当てはめてみると，**2** のみが合いません。コメディーは35%であり，アクションとドラマを合わせた45%を超えていないからです。他の選択肢に関しては，**1** は「3分の2近く」，**3** は「ほぼ同数」，**4** は「統計上ごく少数」という表現に注目して考えればグラフの内容に合致していると判断できます。

Vocabulary
□ revise 動 ～を訂正する　□ genre 名 ジャンル，類型　□ account for ～ ～を占める
□ production output 制作数　□ statistically 副 統計上
□ a tiny number of ～ （ごく）少数の～

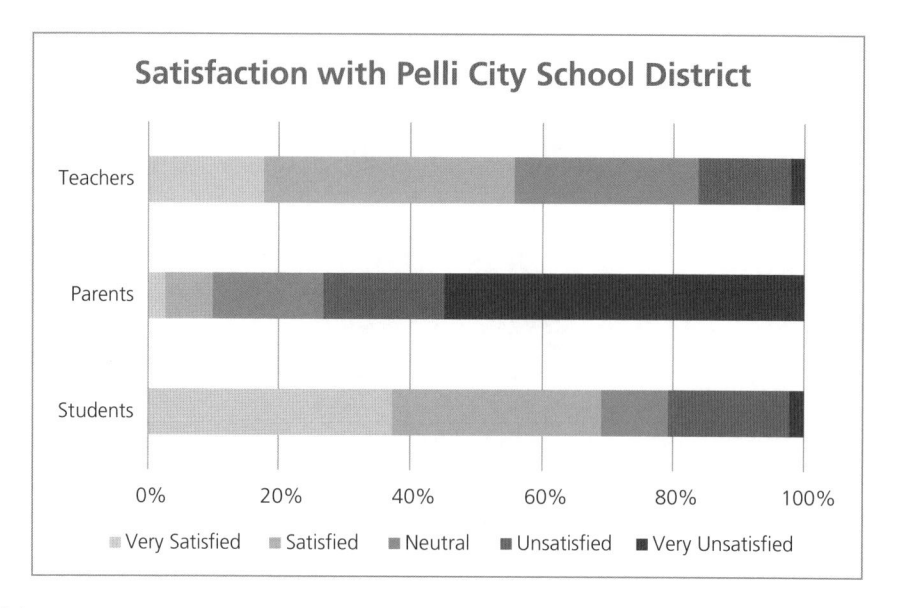

Satisfaction with Pelli City School District

- Teachers
- Parents
- Students

0%　20%　40%　60%　80%　100%

■ Very Satisfied　■ Satisfied　■ Neutral　■ Unsatisfied　■ Very Unsatisfied

(5) School officials in Pelli City School District are working to increase the level of satisfaction with their performance. Based on the graph, what strategy would be the most effective?

　　1 Talking to parents about how the school district can better meet their needs.
　　2 Finding out why so many teachers are unhappy.
　　3 Encouraging students to speak up about their problems.
　　4 Setting up special seminars to make school policies clearer to teachers, parents and students.

(5) .... 正解：1

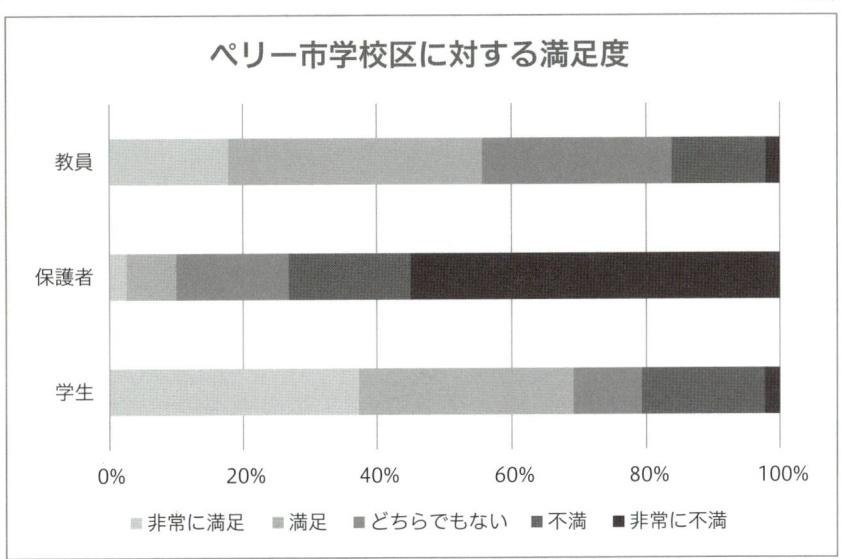

ペリー市学校区に対する満足度

（グラフ：教員／保護者／学生の満足度（0%〜100%）、凡例：非常に満足／満足／どちらでもない／不満／非常に不満）

問題の訳 ペリー市学校区の教育委員たちは自分たちの働きに対する満足度を向上させるために活動しています。グラフに基づくと，どのような方策が最も効果的ですか。

1 保護者たちに対して，どうすれば学校区が彼らの要望によりよく対応できるかについて語りかけること。
2 なぜとても多くの教員たちが満足できない状態でいるのかを探ること。
3 学生たちが自分たちの問題についてはっきりと話すように働きかけること。
4 学校の運営方針を教員，保護者，そして学生たちにとってより明確なものにするために特別な研究会を設けること。

解説 グラフからは保護者の満足度が極めて低いということが読み取れますので，**1**の方策が最も効果的と判断できます。教師と学生の満足度は高く，「非常に不満」の割合はかなり低いので，教師と学生の問題点を中心にしている**2**と**3**は不適です。また**4**はすべてのグループを対象としたもので，もっとも不満をかかえている親たちを中心としていないのでグラフが示す結果を反映したものとは言えません。

Vocabulary
☐ district 名 地区，区域　☐ official 名 公務員，職員，役員　☐ performance 名 働き，成果
☐ strategy 名 戦略，方策　☐ effective 形 効果的な　☐ meets ~'s needs ～の要求を満たす
☐ speak up [out] ~ ～をはっきりと述べる　☐ seminar 名 セミナー，研究会，討論会
☐ policy 名 運営方針，政策

Part 2B 掲示・Eメールなどの読み取り

問題数	5問
出題内容	大学での掲示やEメールを想定した英文とそれに関する問いに対して，適切な文や語句を選びます。
めやす解答時間	約8分
指示文	There are five short reading texts (notices, advertisements, posters, etc.) below. Each text is followed by a question. For each question, choose the best answer from among the four choices and mark your answer on your answer sheet. （下に5つの短い文章（掲示，広告，ポスターなど）があります。それぞれの文章の後には1つの質問が続きます。それぞれの質問に対し，最も適切な答えを4つの選択肢のうちから1つ選び，解答用紙にマークしなさい。）

例題

PART-TIME POSITION FOR STUDENTS

The USC Library is looking for students to work a minimum of two evening shifts (6 p.m. to 9:30 p.m.) per week in the spring semester. Workers' primary responsibility will be updating the status of returned books in our inventory database. Some shelving work may be required. Applicants must be full-time students in generally good physical condition. Please visit the main reception desk to pick up an application form.

Workers' main task will be to
1 mark books as returned in a database.
2 assist students at the library's main reception desk.
3 catalog the condition of all USC library books.
4 return books to the appropriate shelves.

（TEAP 見本問題2より）

正解：1

> 英文の訳

学生アルバイト

USC 図書館は，春学期に週 2 回以上夜勤（午後 6 時から 9 時半まで）できる学生を募集しています。仕事内容は主に，返却本について当館の目録データベースの貸し出し状態を更新することです。本の棚戻し作業が求められる場合もあります。応募者は，健康状態がおおむね良好な正規の学生である必要があります。応募用紙は中央受付カウンターに行ってもらってください。

> 問題の訳　従業員の主要な仕事は
> **1** 本を返却済みとしてデータベースに登録すること。
> **2** 図書館の中央受付カウンターで学生を手助けすること。
> **3** USC 図書館のすべての本の状態を目録に載せること。
> **4** 本を適切な棚に戻すこと。

> 解　説　大学図書館のアルバイトの求人広告です。問題は「主な仕事は何か」ですから，広告の中に挙げられている「主な仕事」を選ぶことになります。**1** の「データベースに返却済みとして本を記録する」は本文中の updating the status of returned books in our inventory database「目録データベースの返却本の状態を更新する」の言い換えですので正解。**2** の「学生を手助けする」と **3** の「図書館のすべての本の状態を目録に載せる」は記述がありません。また，**4** の return books to the appropriate shelves「適切な棚に本を戻すこと」は本文中の some shelving work「棚戻し作業」を言い換えたものと言えますが，本文では「求められる場合もある」とあり，「主な仕事」としては不適です。

◎ Reading Part 2B の解き方

このパートでは大学生活で出会う広告，掲示，Eメールなどの文章が取り上げられます。長さはいずれも比較的短めです。先に設問を確認し，文章の用件や重要な情報をおさえて読んでいくのがよいでしょう。正解を選ぶだけでなく，誤答と思われる選択肢についてもその根拠を見つけるようにしたいものです。

◎ 解答の手順

▶▶ **1** 設問に目を通します。
▶▶ **2** 文章を正確に読んでいきます。
▶▶ **3** 選択肢の中から，読んだ文章の内容に合致するものを選びます。

◎ 着眼点

〈設問と選択肢の確認〉
まず設問に目を通しますが，その目的は文章の内容と，どの点に注意して読むべきかをおおまかに推測するためです。さっと目を通す程度で構いません。また，文章を速く正確に読める人は，設問を先に読むことをしなくてもよいでしょう。

〈英文の正確な読解〉
まず，どんな形式（Eメール，広告など）なのか，何を伝える文章なのかを確認したら，英文中の重要な情報をおさえながら読み進めます。このパートで出題されるのは大学での掲示やEメールですから，文章の目的ははっきりしているはずです。誰から誰に向けた掲示なのか，日時や場所などの情報，そして数字に注意して読みましょう。

〈正解の選択〉
設問は英文完成（英文の後半を選択肢の中から選ぶ），疑問文（質問に対する答えを選ぶ）の2種類がありますが，いずれの場合も文章にある情報に合致していなくてはなりません。あまり紛らわしい選択肢が出題されることはありませんが，「どこが本文と違っているか」を本文と照らし合わせ，誤解のないように正解を選びましょう。

☝ ワンポイントアドバイス

このパートで出題される掲示やEメールなどは，大学生活の場面をイメージできると読みやすくなります。この本で十分に慣れておくようにしましょう。

掲示

大学や教員から学生へのお知らせは，キャンパス内の掲示板に紙で貼り出されることが一般的です。最近ではEメールやウェブサイト，ブログ，SNSなども活用されるでしょう。TEAPのReading Part 2Bで出題される可能性のある，こういった掲示の例を見てみましょう。

- 授業に関するお知らせ
  - 休講のお知らせ，補講(振替授業)の日程
  - 特別講義やセミナーの案内
  - 授業の課題についての説明
  - 履修登録の日程や注意点

- イベントやサークル活動に関するお知らせ
  - 各種イベントや講演の開催案内
  - クラブのメンバー募集

- アルバイト情報など
  - 学生アルバイトやボランティアの募集
  - 実験や研究のアンケート協力者の募集

- 広告
  - 学生向けのツアー旅行などの広告
  - 不要になった日用品や教科書を譲る申し出

Part 2B 練習問題

There are five short reading texts (notices, advertisements, posters, etc.) below. Each text is followed by a question. For each question, choose the best answer from among the four choices.

To: All Students
From: Melissa Levy
Date: March 9
Subject: Soccer Team Tryouts

Dear Students,

On March 21, the men's and women's soccer teams are holding tryouts for all positions. Students with experience in the sport are encouraged to come to display their skills to teams and coaches, including John Walsh and Sally Rice. This is a chance to join a winning team, improve your athletic skills, and be part of an outstanding group of student athletes.

Find out more by going to: www.raysuniversity.edu/sports/

Regards,
Melissa Levy
Athletic Director

---

(1) John Walsh's main task on March 21 will most likely be to
  1 recruit team coaches.
  2 try out for a soccer team.
  3 review athletic skills.
  4 give an award to a team.

48

(1) .... 正解：3

> 英文の訳

宛先：全学生
送信者：メリッサ・レヴィ
日付：3月9日
件名：サッカーチームの適性試験

学生諸君

3月21日，男女サッカーチームは，すべてのポジションについて適性試験を行います。このスポーツでの経験がある学生は，その技量をチームや，ジョン・ウォルシュやサリー・ライスを含むコーチ陣に見せに来ることを勧めます。これは，勝利チームに加わり，運動技能を向上させ，優秀な学生アスリート集団の一員になるチャンスです。

もっと多くを知りたい人はこちらから：www.raysuniversity.edu/sports/

敬具
メリッサ・レヴィ
運動部総括責任者

> 問題の訳　3月21日のジョン・ウォルシュの主な仕事として最もありそうなのは
1　チームのコーチを新しく採用すること。
2　サッカーチームへの入団テストを受けること。
3　運動技能を調べること。
4　チームに賞を与えること。

> 解説　メール本文の第2文に，… display their skills to teams and coaches, including John Walsh and Sally Rice. とあります。したがってコーチであるウォルシュさんは候補者の技能を見るためにそこにいると考えられるので，3 が正解です。1 については，「新しく採用する (recruit)」対象はコーチではなく選手ですから不適。「入団テストを受ける」のは学生で，ウォルシュさんではありませんから，2 も不正解です。「賞」についての言及はなく，4 も不正解です。

Vocabulary　□ tryout 图 (選手・俳優などの) 適性試験，入団テスト　□ outstanding 形 優秀な
□ Regards, 敬具 (手紙やメールの結語)

> Notice on Computer Science 202
>
> To register for this class, students must obtain a signed permission slip from the professor and bring that slip to this office. Normally, permission is only given to students who fulfill each of the following requirements:
>
> - Completion of Computer Science 101 and Calculus 201
> - Completion of at least 10 credit hours
> - Knowledge of at least two computer languages
>
> Thank you,
> Mohammed Chowdhury
> University Registrar

(2) Students who want to enter Computer Science 202 this semester should
   1 sign up as soon as possible for Computer Science 101.
   2 register for several advanced calculus courses.
   3 have finished a certain number of classes.
   4 have knowledge of at least three computer languages.

(2) 正解：3

英文の訳

コンピューターサイエンス 202 についてのお知らせ

このクラスに登録するには，学生は教授から署名入りの許可書をもらい，それを当オフィスへ持参しなくてはなりません。通常ですと，次の各要件を満たしている学生のみに許可が与えられます。

・コンピューターサイエンス 101 と微積分学 201 を修了していること
・最低 10 単位時間を修了していること
・最低 2 つのコンピューター言語の知識があること

よろしくお願いいたします。
モハメッド・チョードリ
学籍係

問題の訳 今学期，コンピューターサイエンス 202 に登録したいと思う学生は
1 できるだけ早いうちにコンピューターサイエンス 101 に登録するべきである。
2 いくつかの上級微積分学の講座に登録するべきである。
3 特定の数のクラスを修了しているべきである。
4 最低 3 つのコンピューター言語の知識を持っているべきである。

解説 2 つ目の登録の要件にある「最低 10 単位時間を修了」するとは「特定のクラス数を修了」することと同じと考えられるので，**3** が正解です。コンピューターサイエンス 101 はすでに修了していなくてはならない科目なので **1** は不適です。微積分学については 201 の修了が条件で，上級レベルの講座に複数登録する必要はないので **2** も不適。コンピューター言語については 3 つ目の要件にあるように，最低 2 つを知っていればいいので **4** の「最低 3 つ」は間違いとわかります。

Vocabulary
□ register for ～に登録する　□ obtain 動 ～を手に入れる　□ slip 名 紙片
□ fulfill 動 (条件)を満たす　□ requirement 名 要件，条件　□ calculus 名 微積分学
□ credit hour 履修単位時間　□ registrar 名 (大学の)学籍係

Hackforth Realty Co.

Renting a house or apartment off campus is a great way for students to learn independence. We specialize in finding affordable off-campus accommodation for students in rental homes, apartments, and other types of living spaces. Come to our office to get a look at some of the rentals available. You can also view some of our unoccupied apartments and houses on our Web site: www.hackforthrealty.net

(3) Students should go to the Web site to
  1 apply for off-campus housing.
  2 pay their monthly rent.
  3 make office appointments.
  4 see some available properties.

(3) .... 正解：**4**

英文の訳

ハックフォース不動産会社

キャンパス外に家やアパートを借りることは，学生が自立を学ぶための素晴らしい方法です。当社は貸家，アパート，その他のタイプの居住空間など，学生用の手ごろなキャンパス外の住居を見つけることを専門に行っています。当店にお立ち寄りいただき，ご利用いただける貸物件のいくつかをご覧ください。また，当社のウェブサイトでも空アパートや空家のいくつかをご覧いただけます。www.hackforthrealty.net

問題の訳 学生がウェブサイトを訪れるのは
1 キャンパス外の住居を申し込むため。
2 毎月の賃貸料を支払うため。
3 来店の予約をするため。
4 利用可能な不動産物件をいくつか見るため。

解説 最終文に You can also view some of our unoccupied apartments and houses on our Web site とあるので，**4** が正解です。この available properties は「借りることができる不動産物件」という意味です。**1** にあるような「申し込み」については言及がありませんし，**2** の「毎月の賃貸料」についても述べられていません。さらに，**3** の店を訪れるための「予約」にも言及がありませんので，いずれも不正解です。

Vocabulary
□ realty 名 不動産　□ off campus 副 キャンパス外で，キャンパスから離れて
□ affordable 形 （値段が）手ごろな，入手可能な　□ accommodation 名 収容施設
□ rental 形 名 賃貸の（物件）　□ rent 名 賃貸料　□ property 名 不動産，地所

Helping Tutors is a student volunteer group committed to improving the life chances of young people by helping them academically. Our special focus is on helping elementary, middle school, and high school students with learning disabilities. We believe that every young person has the potential to make a unique and valuable contribution; he or she only needs the right instructors. Please find out more or join us by e-mailing John Peretti at: johnp@eastuniversity.edu.

(4) What will a student volunteer be asked to do?
   1 Provide academic research.
   2 Contribute small donations.
   3 Give assistance to learners.
   4 Compile an e-mail list.

(4) .... 正解：3

英文の訳

「お手伝い家庭教師(Helping Tutors)」は学問上の手助けをすることで，年少者の人生の機会を向上させることに献身している学生ボランティアグループです。私たちが特に重視しているのは学習障がいを持つ小学校，中等学校，高等学校の生徒たちを支援することです。私たちはどの年少者もユニークで価値のある貢献ができる可能性を持っていると信じています。彼らはただ，適切な指導者を必要としているだけなのです。以下のアドレスでジョン・ペレッティ宛にEメールを送っていただき，さらに多くのことを知ったり，私たちの活動に参加したりしてください。johnp@eastuniversity.edu

問題の訳 学生ボランティアは何をすることを求められますか。
1 学問的な研究を提供する。
2 少額の寄付をする。
3 学習者を支援する。
4 Eメールリストを作る。

解説 第1文に committed to improving the life chances of young people by helping them academically とあるので 3 が正解です。研究(research)については述べられていないので 1 は不適。第3文にある contribution には「寄付(金)」という意味もありますが，ここでは子どもたちの(社会に対する)「貢献」という意味で使われています。したがって 2 にある「寄付をする(contribute small donations)」の contribute とは無関係で，この選択肢は不適です。最終文でEメールのことが出てきますが，「リストを作る」こととは全く関係がなく，4 も不正解です。

Vocabulary
□ committed 形 〜に打ち込んだ，傾倒した
□ potential 名 可能性，潜在力 □ contribution 名 貢献 □ donation 名 寄付
□ compile 動 〜を編集する

📖 middle school

middle school とは，主にアメリカにおいて，日本で言う中学校くらいの年代の生徒たちが通う学校の名称です。外国の学校制度は日本のものと異なっているためイメージしにくいですが，TEAP では制度の詳しい知識が要求されることはありませんから安心しましょう。日本語に訳す場合, middle school は「中等学校」，またはそのまま「ミドルスクール」とされることも多いようです。

Library Computer Policy

The computers in the library are for the use of all currently registered students. The computers are connected to the Internet as well as the library book database. Usernames and passwords are not necessary. However, students should spend no more than 30 minutes on a computer, especially when others are waiting. There are no Internet filters on the computers. However, students are prohibited from visiting Web sites that are generally offensive, or unsuited or unrelated to the academic mission of the school. Students must always use the computers with courtesy and discretion.

(5) What rule is mentioned in the notice?
  1 A username is necessary.
  2 A time limit should be followed.
  3 Some Web sites are blocked by filters.
  4 Some students may not use the computers.

(5) 正解：2

英文の訳

> 図書館コンピューター方針
>
> 図書館のコンピューターは現在学籍のあるすべての学生が使用するためのものである。コンピューターは図書館の書籍データベースだけでなく，インターネットにも接続されている。ユーザー名とパスワードは不要。しかし，学生はコンピューターに 30 分以上費やしてはならず，特に他の人が待っているときにはそうである。コンピューターにはインターネットのフィルターはかけられていない。しかし，学生は一般的に見て侮辱的であったり，本学の学究的使命に不適あるいは無関係であったりするようなウェブサイトを訪れることは禁じられている。学生は常に丁寧に，そして慎重にコンピューターを使わなくてはならない。

問題の訳 この掲示にはどんなルールが記されていますか。
1 ユーザー名が必要である。
2 時間制限に従わなくてはならない。
3 ウェブサイトによってはフィルターでブロックされている。
4 学生によってはこのコンピューターを使うことが許されていない。

解説 第 4 文に students should spend no more than 30 minutes on a computer, especially when others are waiting とあり，使っていい時間が決められています。したがって，正解は **2** です。第 3 文でユーザー名とパスワードが必要ないことがわかるので，**1** は不正解。第 5 文でフィルターは全くないとあるので，**3** も不適です。第 1 文ですべての学生が図書館のコンピューターを使うことができるとあるので，**4** も間違いです。

Vocabulary
□ prohibit 人 from doing 人が〜するのを禁じる　□ offensive 形 不快な，侮辱的な，攻撃的な
□ mission 名 使命，任務　□ courtesy 名 丁寧，礼儀正しいこと
□ discretion 名 慎重さ，思慮分別

---

notice

notice という単語を「〜に気づく」という動詞の意味だけで覚えていた人も多いのではないでしょうか。TEAP では「掲示，貼り紙，お知らせ，通知」といった名詞として頻出ですので，この意味もしっかりとおさえておくようにしましょう。
(TEAP に登場する掲示の例については p.47 参照)

Part 2C 短い英文の読み取り

問題数	10 問
出題内容	アカデミックな内容や，大学の制度などに関する内容の短い英文とそれに関する問いに対して，適切な文や語句を選びます。
めやす解答時間	約 15 分
指示文	There are 10 short reading passages below. Each passage is followed by a question. For each question, choose the best answer from among the four choices and mark your answer on your answer sheet. （下に 10 の短い文章があります。それぞれの文章の後には 1 つの質問が続きます。それぞれの質問に対し，最も適切な答えを 4 つの選択肢のうちから 1 つ選び，解答用紙にマークしなさい。）

例題

　　Harris University is known not only for its excellent tourism program but also for the scholarships it offers to foreign students. The university awards successful applicants a "full ride," which means they do not have to pay anything to attend. In order to apply, students must write an essay and submit it along with their grades from high school. More information is available on the university's website.

What must students do to apply for a scholarship?
1　Complete an online application form.
2　Get a recommendation from a teacher.
3　Ask to extend the deadline.
4　Submit a written essay.

(TEAP 見本問題 1 より)

正解：**4**

> 英文の訳

　ハリス大学はその優れた観光学の課程だけでなく留学生へ支給する奨学金でも知られています。大学から，合格者には「フルライド」が与えられます。つまり，学生は大学に通うのにお金を全く払う必要がないのです。応募するには，学生は小論文を書き，高校の成績を添えて提出しなければなりません。詳細は大学のウェブサイトをご覧ください。

問題の訳 学生は奨学金に応募するために何をしなければなりませんか。
1 オンラインで応募書類に記入する。
2 教師から推薦状をもらう。
3 締め切りの延長を依頼する。
4 小論文を書いて提出する。

解説 奨学金に応募するために必要なことを問われているわけですから，第3文の In order to apply, ...「応募するためには…」以下に答えがあると考えられます。そこに書かれているのは，write an essay and submit it along with their grades from high school です。したがって，正解は **4** の「小論文を書いて提出する」です。**1** の「オンラインでの応募書類の記入」，**2** の「教師からの推薦状」，**3** の「締め切りの延長」は，いずれも本文に記述がありません。

◎ Reading Part 2C の解き方

このパートでは大学で学ぶ各学問分野の教科書からの抜粋のような文章や，大学の制度・プログラムの説明の一部といった文章が取り上げられます。本文は1段落のみから成りますが，Topic Sentence（主題を示す文）と Supporting Sentence(s)（主題を支持するための文）がはっきりしていることが多いので，それらを正確に読み取ることが大切です。

◎ 解答の手順

▶▶ 1 設問に目を通します。
▶▶ 2 文章を読んで，トピックを捉えて内容を理解します。
▶▶ 3 設問に対する適切な選択肢を選びます。

◎ 着眼点

〈設問と選択肢の確認〉
まず設問と選択肢に目を通します。本文の内容を推測したり，どこに気をつけて読めばよいかを予測することができる場合があります。ただし，Part 2B と同様，必ず設問の先読みをしなければいけないというわけではありません。いろいろなやり方を試してみましょう。

〈トピックの把握と内容理解〉
まず，何について書かれた文章かを把握します。Topic Sentence と思われる部分を見つけ，文章の概要を捉えます。Topic Sentence は段落の最初に来ることが多いことも覚えておきましょう。その後，文章の展開にしたがって，重要な情報をつかみながら読み進めます。例えば，時系列に沿って展開していく文章の場合は「いつ何が起こったのか」を，いくつかの例を挙げていく展開ならば「何を伝えている例であるのか」を正確に理解します。

〈正解の選択〉
設問が文章のどの部分について尋ねているのかを正確に捉え，本文の記述に合致する選択肢を選びます。選択肢と本文とで表現が言い換えられていることも多いですが，内容から正しく判断できるようにしましょう。

◎ ワンポイントアドバイス

普段行っている長文読解のトレーニングがそのまま役に立つパートであると言えるでしょう。1段落の文章を正確に読めるようになることが，Part 3A, Part 3B のような長い文章を読みこなすための最初のステップです。

奨学金

奨学金制度とは，学費や学生生活にかかる費用を学校や地方公共団体，公益財団などが出してくれる仕組みで，後に返済する必要がある「貸与型」と返済不要の「給付型」があります。貸与型であっても，一般的なローンよりは利子が低かったり無利子であったりと，学生が利用しやすいような配慮がなされています。

奨学金の種類は多く，支援してもらえる金額，申し込み資格，選抜方法，返済の条件などは様々。利用しようと考えている人は，よく調べて自分に合った条件のものを選ぶことが重要です。大学の学生センターなどでアドバイザーが相談に乗ってくれることもあり，TEAP にも「この奨学金に応募するにはどうしたらいいか？」といったシチュエーションの会話や文章がよく登場します。

なおアメリカでは（主に成績優秀者を対象とする）給付型のものを scholarship，返済が必要な貸与型を student loan と言いますが，日本ではどちらも「奨学金」とまとめて呼ぶことが多いですね。

Part 2C　　　　　練 習 問 題

There are 10 short reading passages below. Each passage is followed by a question. For each question, choose the best answer from among the four choices.

President Lincoln's Emancipation Proclamation did not end slavery. Rather, it only freed slaves in states that were in rebellion against the federal government. Anti-slavery activists worried that slavery could be reinstituted at the end of the war, and pressured Lincoln on the issue. This pressure was enough to eventually give rise to the 13th Amendment, which formally outlawed the institution of slavery throughout the country, although formal citizenship was only granted to slaves later.

（1）　What is one of the results of the 13th Amendment?
　　　1 It confirmed the power of the presidency.
　　　2 It provided a cease-fire for the rebellion.
　　　3 It ended an established practice.
　　　4 It granted citizenship to slaves.

(1)

正解：3

英文の訳

　リンカーン大統領の奴隷解放宣言は奴隷制度を終結させはしなかった。正確には，連邦政府に対して反乱を起こした各州の奴隷を自由にしただけであった。反奴隷制度の活動家たちは戦争の後に奴隷制度が再び制度化されかねないと危惧し，この問題についてリンカーンに圧力をかけた。この圧力は最終的に憲法修正第 13 条を生み出すのに十分であり，奴隷に公式な市民権が認められたのは後のことでしかなかったものの，この修正条項がアメリカ全土にわたって奴隷制度を正式に禁止したのだった。

問題の訳 憲法修正第 13 条の結果の 1 つは何ですか。
1 大統領職の権力を裏付けた。
2 反乱の休戦をもたらした。
3 既成の慣習を終わらせた。
4 奴隷に市民権を認めた。

解説 最終文で ..., which formally outlawed the institution of slavery throughout the country, ... とあります。関係代名詞 which が指すのは直前の the 13th Amendment ですから，既成の制度である奴隷制度を終わらせたことを意味します。したがって，**3** が正解です。**1** にある大統領職の権力については触れられていません。**2** の休戦への言及もありません。また，奴隷に市民権が与えられたのは最終文後半にあるように，修正第 13 条発布よりも後になってからのこととわかるので，**4** も不適です。

Vocabulary
□ Emancipation Proclamation 奴隷解放宣言　□ slavery 图 奴隷制度，奴隷所有
□ rebellion 图 反乱　□ activist 图 活動家　□ reinstitute 動 ～を再制定する
□ give rise to ～ ～を生じさせる　□ Amendment 图 米国憲法修正条項
□ outlaw 動 ～を非合法化する　□ institution 图 制度　□ citizenship 图 市民権
□ grant 動 ～を与える，認める

Magnetic levitation, otherwise known as maglev, is used on high-speed trains that can reach about 224 miles per hour. Hovering above the ground due to powerful magnets, the trains substantially reduce the friction that other trains experience. Continued advances in this field could result in "hyperloop" trains that could reach speeds as fast as 760 miles per hour. To reach that speed, though, the trains would have to travel in a vacuum, which is extremely difficult to maintain.

(2) According to the passage, an essential difficulty in developing a hyperloop train is creating
    1 a train that can use magnetic levitation.
    2 special status for sustained period of time.
    3 consistent magnetic power at very high speeds.
    4 materials that can withstand high heat from friction.

(2) 　　　　　　　　　　　　　　　　　　　　　　　　　　　　　　正解：**2**

> **英文の訳**

　マグネティック・レビテーション（磁気浮上方式），あるいはマグレブとして知られているものが，およそ時速 224 マイル（約 360 キロメートル）に達することのできる高速列車に使用されている。強力な磁石によって地面の上に浮かんでいるため，こうした列車は他の列車が受けるような摩擦を相当減少させる。この分野で進歩が続けば，結果として時速 760 マイル（約 1,223 キロメートル）のスピードにまで達し得る「ハイパーループ」列車ができるかもしれない。しかし，そのスピードに達するためには，列車は真空の中を移動しなくてはならず，その状態を維持するのは極めて困難である。

> **問題の訳** 　本文によると，ハイパーループ列車を開発するにあたっての本質的な問題は
> 　**1** 磁気浮上方式を使うことのできる列車を作り出すことである。
> 　**2** 特殊な状況を持続的に長時間作り出すことである。
> 　**3** とても速いスピードで安定した磁力を作り出すことである。
> 　**4** 摩擦によって生じる高熱に耐えることのできる素材を作り出すことである。

> **解説** 　最終文に … the trains would have to travel in a vacuum, which is extremely difficult to maintain とあり，真空状態を維持するのが極めて難しいことがわかります。正解は **2** です。**1** はマグレブ（いわゆるリニアモーターカー）のことで，列車を作ること自体が問題という説明はないので，**1** は不適。磁力を使いますが，それが問題とも書かれていないので **3** も不適。**4** の高熱に耐える素材に関しては本文中に出てこないので，これも不正解です。

Vocabulary
□ magnetic 形 磁力の，磁気を利用した　□ levitation 名 空中浮遊
□ maglev (*magnetic* + *levitation*) 名 磁気浮上方式（の列車）　□ hover 動 空中に止まる
□ substantially 副 相当に　□ friction 名 摩擦　□ vacuum 名 真空(状態)
□ consistent 形 安定した，一定の　□ withstand 動 〜に耐える

Although the orbit of the earth is often depicted as a circle, it is actually closer to an ellipse. The planet moves in a "stretched circle" pattern through the solar system, coming closer to the sun at some points, and farther away at others. Combined with the axial tilt of the earth, this ellipse may have an effect on the long-term warming and cooling of the earth, and may have been at least partly responsible for past ice ages.

(3) According to the passage, what is probably true of the orbit of the earth?
    1 It changes from circular to elliptical.
    2 It affects the scope of the axial tilt.
    3 It impacts planetary climate conditions.
    4 It operates in a fairly unpredictable pattern.

(3)　正解：3

英文の訳

　地球の軌道はしばしば円として描かれるが，実際には楕円により近い。この惑星は太陽系の中を「引き伸ばされた円」のパターンで動き，ある地点では太陽に近寄り，また別の地点では遠ざかる。地球の地軸の傾きと組み合わさって，この楕円は長期にわたる地球の温度上昇や冷却に影響を与えているかもしれず，また少なくとも部分的には過去の氷河期の要因になっていたかもしれない。

問題の訳　本文によると，何が地球の軌道についておそらく正しいと言えますか。
1　円状から楕円状に変わる。
2　地軸の傾斜範囲に影響する。
3　惑星の気候状態に影響を与える。
4　かなり予測不能なパターンで作動する。

解説　最終文に this ellipse may have an effect on the long-term warming and cooling of the earth とあります。this ellipse「この楕円」とは地球の軌道のことを言っていますから，**3** が正解です。軌道の形が変化したとは書かれていないので，**1** は不適。地軸の傾きについては気候変動に影響を与えるとはありますが，「地球の軌道」の影響を受けるとは述べられていないので，**2** も不適。また，軌道の作動パターンについての記述はないので **4** も不適です。

Vocabulary　□ orbit 图 軌道　□ depict 動 〜を描く　□ ellipse 图 楕円　□ solar system 太陽系
□ axial 形 軸の　□ tilt 图 傾き，傾斜　□ ice age 氷河期

Sparta and Athens were both Greek city states, but with strikingly different social structures. Sparta was fundamentally a military state with a full-time warrior class ruling the nation. By contrast, Athens was run by a scholastic elite who valued art, music, and literature. The two powerful rivals competed for leadership in the Mediterranean, but joined in an uneasy alliance against the Persian Empire. When that threat faded, the two city states eventually slid into a large-scale war against one another.

(4) What is one reason Sparta and Athens eventually came into conflict?
  1 They were provoked into battle by Persia.
  2 They differed on scholastic theories.
  3 They were ruled by different military classes.
  4 They contested a specific region.

(4) 正解：4

英文の訳

　スパルタとアテネは共にギリシャの都市国家であったが，際立って異なる社会構造を持っていた。スパルタは基本的には，専任の戦士階級が国を支配する軍事国家であった。対照的に，アテネは芸術，音楽，文学に価値をおいた学者エリートによって運営されていた。2つの強力なライバルは地中海における主導権をめぐって競い合ったが，ペルシャ帝国に対抗して不安定な連合を組んだ。その脅威が衰えたとき，この2つの都市国家はついに互いを相手取っての大規模な戦争へと移行したのだ。

問題の訳　スパルタとアテネが最終的に戦争に突入した理由の1つは何ですか。
1 ペルシャに挑発されて争いになった。
2 学問的な理論について意見が合わなかった。
3 異なる軍人階級によって支配されていた。
4 特定の地域をめぐって競い合っていた。

解説　第4文で The two powerful rivals competed for leadership in the Mediterranean とあり，そのことが最終文にある「戦争」につながっています。したがって，正解は **4**。**1** は両国とペルシャとの戦争の理由なので，不適。**2** は，社会構造が異なっていたのであって，理論の違いではないので不適。軍人に支配されていたのはスパルタだけなので，**3** も不適です。

Vocabulary
- □ strikingly 副 際立って　□ fundamentally 副 基本的に，本質的に
- □ military 形 軍の，軍人の　□ full-time 形 全時間勤務の，常勤の　□ warrior 名 戦士
- □ rule 動 ～を支配する，統治する　□ by contrast 対照的に　□ scholastic 形 学者の
- □ alliance 名 連合　□ threat 名 脅し，脅威　□ slide into ～ （状態など）に移行する

The invention of the number zero by the ancient Indian, Mayan, and Babylonian civilizations is often considered to be one of the greatest breakthroughs in mathematics. The number reduces any other number to "0" when multiplied against it. This is seemingly obvious to us, but was a challenge that the very earliest mathematicians had struggled intensely with. The invention of the number allowed the field to accelerate its precision and overall utility.

(5) Based on the passage, what is probably true of the number zero?
1 Its practicality was not immediately obvious to mathematicians.
2 Its use was initially confined to advanced civilizations.
3 Its discovery occurred in separate global areas.
4 Its power led to very few early breakthroughs.

(5) 　　　　　　　　　　　　　　　　　　　　　　　　　　　　　　　　　正解：3

> 英文の訳

古代インド，マヤ，バビロニア文明による0という数の発明は，しばしば数学における最大の躍進であると考えられている。この数は他のどの数もそれに乗じられると0へと減じてしまう。見たところ，これは我々には明白なことであるが，まさに最も初期の数学者たちが熱心に取り組んだ難題であった。この数の発明はその分野がその正確性や全体的な実用性を加速することを可能にしたのであった。

> 問題の訳　本文に基づくと，0という数についておそらく何が正しいと言えますか。
> 1 その実用性は数学者たちにとってただちに明らかなものではなかった。
> 2 その使用は最初，先進文明に限定されていた。
> 3 その発見は地球の別々の地域で起こった。
> 4 その力は初期の躍進にはほとんどつながらなかった。

> 解説　最初の文に The invention of the number zero by the ancient Indian, Mayan, and Babylonian civilizations とあり，3つの文明において発明されたことがわかるので，「別々の地域で起こった」とある **3** が正解。「実用性」については0の発見によって加速されたとありますが，数学者にとって明白であったかどうかは述べられていないので **1** は不適。また，「先進文明」や使用が限定されていたかには言及がなく，**2** も不適。第2，3文から，掛けられたときにどの数も0になるという0の持つ power は初期の数学者にとって「躍進」であったと読み取れるので，**4** も不適です。

Vocabulary
- ancient 形 古代の　　□ Mayan 形 マヤ（中米の古代文明）の
- Babylonian 形 バビロニア（メソポタミアの古代文明）の　　□ breakthrough 名 大発見，進展
- multiply 動 （数）を掛ける　　□ seemingly 副 見たところ　　□ obvious 形 明白な
- struggle with ～ ～に取り組む，奮闘する　　□ intensely 副 熱心に
- accelerate 動 ～を加速する　　□ precision 名 正確さ　　□ overall 形 全般的な
- utility 名 実用性　　□ confine A to B　AをB（範囲）に限定する

The University Fashion Club is open to all students who are interested in the fashion industry. We discuss emerging trends and share ideas. Once a month, we also meet with established designers in the field, and hold workshops once or twice each semester. We also sponsor the University Fashion Show once a year. We hope that all interested students will consider joining our group.

(6) Each month, the University Fashion Club provides students the chance to
    1 take part in workshops.
    2 access fashion industry sites.
    3 speak with professionals.
    4 create new products.

(6) .... 正解：3

英文の訳

　大学ファッションクラブはファッション産業に興味のあるすべての学生に対して開かれています。私たちは新興の流行について話し合い，アイディアを共有します。また，月に1度，この分野で定評のあるデザイナーと会談をし，学期ごとに1,2度ワークショップを開催します。さらに，年に1度，大学ファッションショーを主催します。すべての興味を持っている学生に，私たちのグループに加わることを考えてほしいと思っています。

問題の訳　毎月，大学ファッションクラブが学生に提供しているのは
1　ワークショップに参加する機会。
2　ファッション産業のサイトにアクセスする機会。
3　専門家と話をする機会。
4　新製品を生み出す機会。

解説　第3文に … we also meet with established designers in the field, … とあります。established designers は（ファッションの）専門家と解釈できますから，**3** が正解です。ワークショップを開くとありますが，学期に1,2度で毎月ではないので **1** は不適です。サイトにアクセスすることは述べられていないので，**2** も不適。さらに，新製品については全く触れられていないので，**4** も除外されます。

Vocabulary　□ emerging 形 新興の　□ meet with ～ ～と会合を持つ　□ established 形 確立した
□ sponsor 動 ～を主催する，後援する

📖 workshop

workshop というのは，高校生にはあまりなじみのない単語かもしれません。「講習会，研究会」などと訳されますが，「ワークショップ」というカタカナ語も一般に使われます。先生や発表者が参加者に対して一方的に話す「講義」と異なり，参加者たちがグループを作って自ら意見や提案を出しながらまとめあげていく場をこう呼びます。主催者や専門家は会の進行をしたり，アドバイスをしたりします。

Although judges in American courts may seem quite powerful, as a matter of fact, they are bound by the American legal tradition of precedent. Precedent means that judicial decisions made in each case are often based on decisions of past judges. This is not merely from habit; judges know that if they break precedent, it can be challenged later on in a higher court. Sticking to precedent is more likely to ensure that a judge's decisions will not be reversed by higher courts.

(7) Based on the passage, what is one purpose of precedent in the American legal system?
　　1 Ensuring that court trials are fairly speedy.
　　2 Narrowing the scope of judicial action.
　　3 Preparing defendants for higher court appeals.
　　4 Strengthening the power of local judges.

(7) 正解：2

英文の訳

　アメリカの法廷における裁判官はかなりの権力があるように思われるかもしれないが，実際のところ，彼らはアメリカの法律上の慣習である判例によって拘束を受けている。判例とは，それぞれの訴訟において下される裁判所の判決がしばしば過去の裁判官の判決に基づくものであることを意味している。これは単に習慣から来るものではない。裁判官は，判例に背いた場合，後になって上級裁判所でそのことに異議申し立てをされ得るということを知っている。判例に固執する方が，裁判官の判決が上級裁判所によって覆されることがないということを確実にする可能性が高いのである。

問題の訳　本文に基づくと，アメリカの法制度における判例の目的の1つは何ですか。
1　裁判所での審理が相当に迅速であることを保証すること。
2　裁判所の行為の範囲を狭めること。
3　被告に上級裁判所へ上訴する準備をさせること。
4　地元の裁判官の権力を強めること。

解説　最初の文で，... , they are bound by the American legal tradition of precedent とあります。判例という慣習によって裁判官が拘束を受けていること，すなわち裁判所の行為が限定されているのですから，正解は **2** です。審理のスピードについては述べられていないので **1** は不適。第3文で異議申し立て（上訴）についての言及はありますが，その準備については触れられていないので **3** も不適。また，裁判官の権力については最初の文に登場しますが，それが強まるとは書かれていないので **4** も除外されます。

Vocabulary
- □ judge 名 裁判官，判事　□ court 名 裁判所　□ bind 動 ～を拘束する
- □ precedent 名 判例，前例　□ judicial 形 裁判所の　□ case 名 訴訟(事件)，裁判
- □ challenge 動 ～に異議を申し立てる　□ stick to ～ ～に固執する，こだわる
- □ defendant 名 被告　□ appeal 名 上訴

Edgar Allan Poe remains one of the greatest American short story and horror writers and poets. He is the author of *The Raven* and *The Masque of the Red Death*, and some of his works were eventually made into movies. Parts of his life seemed to mimic some of the darkness and chaos found in his works. To illustrate, he deliberately induced his own court-martial, and was a very heavy drinker and irresponsible husband in two successive marriages.

(8) According to the passage, Edgar Allan Poe's behavior
- **1** resembled the content of some of his writings.
- **2** changed after becoming a successful author.
- **3** provided the basis for some of his nonfiction writing.
- **4** failed to generate the level of success that he wanted.

(8) 正解：1

英文の訳

エドガー・アラン・ポーは今も最も偉大なアメリカの短編小説・ホラー作家で詩人の1人であり続けている。彼は『大鴉』，『赤死病の仮面』の著者で，彼の作品のいくつかはやがて映画化されることになった。彼の人生はところどころで，彼の作品に見出される闇や無秩序の一部分をまねているようであった。例えば，彼は故意に自分自身についての軍法会議を引き起こした。また相当の飲んだくれで，相次ぐ2度の結婚において無責任な夫であった。

問題の訳 本文によると，エドガー・アラン・ポーの行動は
1 彼の作品のいくつかの内容に似ていた。
2 作家として成功してから変わってしまった。
3 彼のノンフィクション作品のいくつかに基礎となるものを提供した。
4 自分が望んでいたレベルの成功を生み出すことに失敗した。

解説 第3文に Parts of his life seemed to mimic some of the darkness and chaos found in his works. とあり，作品の中の闇や無秩序と彼の人生の類似点について述べられています。正解は**1**です。**2**にあるような行動の変化については言及がありません。**3**のノンフィクション作品についても触れられていないので不適。さらに，自分の成功について彼が望んだことも本文中には書かれていないので**4**も不適です。

Vocabulary
☐ remain 動 ～のままである ☐ raven 名 ワタリガラス ☐ eventually 副 やがて，最終的に
☐ mimic 動 ～をまねする ☐ chaos 名 無秩序，混沌 ☐ illustrate 動 例を示して説明する
☐ deliberately 副 故意に ☐ induce 動 ～を引き起こす ☐ court-martial 名 軍法会議
☐ successive 形 連続する

文学

文学は TEAP に頻出のテーマです。このテーマに関連する用語を確認しておきましょう。

author	著者，作家	draft	草案，下書き
chapter	章	literature	文学
character	登場人物	novel	小説
controversial	論争の的となる	poetry	詩
copy	（本の）1冊	publish	～を出版する
criticism	批評，批判	work	作品

Product placement involves placing an item, such as a watch, piece of clothing, or even a toothbrush, within the scene of a movie. For example, an appliance corporation may pay to a moviemaker to insert a coffee maker into a movie scene, and the scene may linger on the coffee maker slightly longer than normal. Many marketers prefer this type of advertising because it is more subtle than a standard commercial. In addition, actors using the product provide a sort of indirect endorsement.

(9) Based on the passage, which of the following best represents the goal of product placement?
    1 To convince more moviemakers to use its products.
    2 To convince actors to provide an endorsement.
    3 To be less subtle in its advertising approaches.
    4 To imply that celebrities also use the products.

(9) 正解：4

英文の訳

「プロダクトプレイスメント」では映画のシーンの中に製品（例えば腕時計，衣類，あるいは歯ブラシさえも）を配置することが必要である。例えば，電気製品会社は映画シーンの中にコーヒーメーカーを入れてもらうために映画製作会社にお金を支払い，そのシーンは通常よりもわずかに長い時間，そのコーヒーメーカーを映し続けるかもしれない。標準的なコマーシャルより遠回しなので，マーケティング担当者の多くは，こうした種類の宣伝を好む。加えて，俳優がその製品を使っていると，ある種の間接的な推薦になる。

問題の訳 本文に基づくと，次のうちのどれが最もよくプロダクトプレイスメントの目標を表していますか。
1 より多くの映画製作会社に自社製品を使うよう説得すること。
2 俳優に推薦してくれるよう説得すること。
3 宣伝のアプローチにおいてより遠回しにならないこと。
4 有名人もその製品を使うのだとほのめかすこと。

解説 最終文で「俳優が映画シーンで製品を使うと間接的に製品の推薦になる」とプロダクトプレイスメントの効果について述べられています。この記述にあてはまる **4** が正解です。映画製作会社に対する説得には触れられていないので **1** は不適。俳優が使うと推薦にはなりますが，そうするように説得はしていないので **2** も不適。第3文から，この宣伝の効果は「遠回しになること」と言えるので **3** は逆で不適です。

Vocabulary
□ product placement プロダクトプレイスメント（映画やテレビに製品を登場させる宣伝方法）
□ appliance 名 （家庭用）電気器具，設備　□ insert 動 ～を挿入する
□ linger on ～ ～をだらだらと続ける　□ subtle 形 かすかな，目立たない
□ endorsement 名 承認，推薦文　□ convince A to do　Aを説得して～させる

The New York City Marathon attracts both world-class runners and amateurs from around the world. A section of America's largest city is closed off for the participants, who are also cheered along the way by well-wishers. Runners often express satisfaction at simply finishing the marathon, since only a few highly professional runners have any chance at actually winning it. Seemingly ever-increasing security at the event has neither diminished its popularity nor eliminated its public and open nature.

(10) Based on the passage, what is one feature of the New York City Marathon that future participants can expect?
1 A longer route.
2 More police inspections.
3 Restrictions on the number of runners.
4 Less media coverage of the event.

(10) 正解：2

英文の訳

　ニューヨークシティマラソンは世界中から世界レベルのランナーとアマチュアたちの両方を引き付けている。アメリカ最大の都市の1区域が参加者のために閉鎖され，彼らはまた，道中で応援の人々から声援を受ける。ランナーはしばしばこのマラソンを完走するだけで満足感を表す。というのは，高度に専門的な一握りのランナーにしか実際にこのレースで勝利するチャンスはないからだ。このイベントの警備はますます強化されているが，どうやらそれによって人気が衰えることも，公共的で開かれた性格が失われることもないようだ。

問題の訳　本文に基づくと，将来の参加者がニューヨークシティマラソンの1つの特徴としてあるだろうと思えるものは何ですか。
1 より長いルート。
2 より多くの警察による検査。
3 ランナーの数の制限。
4 このイベントのメディア報道の減少。

解説　最終文に Seemingly ever-increasing security at the event とあり，セキュリティー対策が増え続けていることが読み取れます。したがって，正解は **2** です。**1** のルート，**3** のランナーの数，**4** の報道については本文中に言及がないので不適とわかります。

Vocabulary
□ attract 動 〜を引き付ける，引き寄せる　□ close off 〜 〜を閉鎖する
□ cheer 動 〜に喝采を送る，応援する　□ well-wisher 名 支持者，他人の成功を祈る人
□ diminish 動 〜を小さくする，減らす　□ eliminate 動 〜を取り除く
□ inspection 名 検査，調査　□ coverage 名 （新聞・テレビなどの）取材，報道

Part 3A 長い英文の読み取り

問題数	2題8問
出題内容	アカデミックな内容の長い英文の空所に入る適切な語(句)を選びます。
めやす解答時間	約8分
指示文	There are two reading passages below. In each passage, there are four gaps. Choose the best word or phrase from among the four choices to fill each gap. Mark your answer on your answer sheet. (下に2つの文章があります。それぞれの文章には4つの空所があります。空所に入れるのに最も適切な語(句)を4つの選択肢のうちから1つ選びなさい。解答は解答用紙にマークしなさい。)

例題

A Different Approach

Gerald Durrell was an author and a naturalist in the early 20th century. His first job was at a zoo in London, but Durrell's real desire was to join wildlife expeditions. (41), his lack of experience prevented him from being accepted as a member of an expedition team. Eventually, however, at age 21, he was able to begin arranging his own trips using money he received from his father.

Durrell continued his expeditions for decades. When collecting animals, he followed strict principles that were unusual for the time. He caught them in a sustainable way and did not only look for valuable animals. These principles, though, also affected (42). In fact, he had run out of money by the end of his third expedition. After 1956, it was the sales of his books that allowed him to fund further expeditions and start his own zoo and conservation work.

Durrell had controversial views about how zoos should be run. Other zoos were designed mainly for the enjoyment of visitors. Durrell saw the main objective of a zoo as the successful breeding of endangered species. (43), he designed his zoo based on the comfort of the animals, and not the viewing comfort of visitors. Only when he had successfully bred a wide range of species did Durrell gain respect from his peers.

His zoo is on a small island in the English Channel. This location means that few people will ever see what Durrell achieved there. Nevertheless, perhaps this is in line with Durrell's beliefs — that (44) is a zoo's most important role.

(41)　1　Besides　　　　　　2　Next　　　　　　　3　Unfortunately　　　4　For instance
(42)　1　his job　　　　　　　2　the animals　　　　3　his profits　　　　　4　the zoo
(43)　1　Then again　　　　　　　　　　　　　　　　2　As a result
　　　3　On the other hand　　　　　　　　　　　　4　Ironically
(44)　1　conservation of the animals　　　　　　　2　educating the public
　　　3　animal research　　　　　　　　　　　　　4　collecting rare species

(TEAP 見本問題 1 より)

正解：(41) 3　(42) 3　(43) 2　(44) 1

英文の訳

さまざまなアプローチ

　ジェラルド・ダレルは 20 世紀初頭の作家，博物学者だった。彼が最初に仕事をしたのはロンドンにある動物園だったが，ダレルが本当に望んでいたのは野生生物の探検旅行に参加することだった。残念ながら，彼には経験がなかったため探検チームの一員として受け入れてもらえなかった。しかし，ついに 21 歳のとき，父親から譲り受けたお金を用いて自分で旅行の計画に着手することができた。

　ダレルは数十年にわたり旅を続けた。動物を集めるにあたり，彼は当時としてはまれな厳格な主義に従っていた。彼は貴重な動物を探すだけではなく，維持できる方法で動物をつかまえたのだ。しかし，このような主義は彼の利益にも影響を及ぼした。実際，3 回目の探検旅行終了時には彼の資金は底をついてしまった。1956 年以降，彼が旅を続け，自身の動物園と保護活動を始めることができたのは，著書の売上げによるものだった。

　ダレルの動物園運営に対する見解は物議をかもすものだった。他の動物園は主として来園者が楽しめるように設計されていた。ダレルは動物園の主な目的は絶滅危惧種の繁殖に成功することだと考えていた。その結果，彼は自分の動物園を来園者の見やすさではなく動物の快適さを基準に設計した。ダレルが広範囲の種類の動物を繁殖させることに成功してようやく，彼は他の動物園から尊敬を得ることになった。

　彼の動物園は英仏海峡にある小さな島にある。このような場所にあるため，ダレルがそこで達成したことを見る人はごく少数になってしまう。しかし，おそらく，これはダレルの信念に沿っている。つまり，動物を保護することは動物園の最も重要な役割なのである。

問題の訳　(41)　1　その上　　　2　次に　　　　3　残念ながら　　4　例えば
　　　　　(42)　1　彼の仕事　　　2　動物たち　　3　彼の利益　　　4　動物園
　　　　　(43)　1　また一方では　2　その結果　　3　他方で　　　　4　皮肉なことに
　　　　　(44)　1　動物の保護　　2　人々の教育　3　動物の研究　　4　希少動物の収集

> **解説** (41) 空所の前の文と空所後との関係を示す副詞を選ぶ問題です。前の文の but Durrell's real desire was … にはダレルの願望の内容が示され，空所の後の his lack 以下には経験不足のせいでその願いがかなわなかったことが述べられています。つまり逆接的な意味の副詞が入ると考えられるので，**3** の Unfortunately「残念ながら，不幸なことに」が最適とわかります。

(42) 空所の前までの内容は，ダレルが厳格な主義に従い，（個体数を）維持できる方法で動物を捕獲したというものです。空所を含む文は「しかし，このような主義は（　　）にも影響を与えた」となり，その後に he had run out of money「資金が底をついた」と続くので，金銭に関わるもの，つまり **3** の his profits「彼の利益」が正解です。

(43) 空所の直前の文には動物園の役割に対する彼の見解が，直後の文には動物園を動物の快適さを優先して設計したことが述べられています。つまり空所には「因果関係」を示す副詞句が入り，**2** の As a result「その結果」が適切とわかります。

(44) 空所の直前の that はその前の Durrell's beliefs につながり，「…というダレルの信念」という同格を表す接続詞と考えましょう。彼は，第2段落最後の conservation work「保護活動」，第3段落第3文の the successful breeding of endangered species「絶滅危惧種をうまく繁殖させること」などから，動物の保護を重視していたことが明らかです。**1** の「動物の保護」が正解です。

◎ Reading Part 3A の解き方

このパートでは，4つの段落から構成される2つの論説文を読み，それぞれの空所に主にキーワードを含む表現，ディスコースマーカー（つなぎ言葉）など論理的な展開に必要な要素を補うことが求められます。

◎ 解答の手順

▶▶ 1 トピック（冒頭に示されていることが多い），キーワードをつかんで，それを意識しながら読み進めましょう。
▶▶ 2 空所の前後の関係を見極めた上で選択肢に目を通しましょう。ただし，空所の前後だけでなく，そこまでの段落を含めた全体の文脈理解が求められる場合もあります。
▶▶ 3 選んだ語（句）を空所に入れて，筋の通った論理展開になっているかを確認しましょう。

◎ 着 眼 点

〈何が問われているか〉
論理的な展開をする上で重要な役割を持つディスコースマーカーなどの表現を補充する力，構文の理解力，キーワードを見極める力が求められます。文法知識を直接問う問題は出題されませんが，因果関係や対比などを把握するためには基本の文法力は必須です。前後関係を誤解しないよう，副詞，接続詞，関係詞などの文法項目はしっかり整理しておきましょう。

〈トピックは何か〉
歴史上の人物などの紹介や現在話題になっている科学技術，社会的な風潮などの話題が中心です。難解な語彙，表現，構文は含まれず，英検2級レベルの語彙力があれば対応できると考えてよいでしょう。人物や出来事の描写が多いので，その展開を見極めることを意識しましょう。

👉 ワンポイントアドバイス

扱われる英文は具体的なテーマの論説文です。センター試験や英検2級レベルの問題集，英字新聞などでさまざまな話題の論説文，伝記などに触れ，長文読解の訓練をしておくことが望ましいでしょう。語彙や構文の理解度に不足がないかどうかも意識してください。次の Part 3B の長文問題と比べると対処しやすいパートと言えますので，手間取らずに素早く解答できるようになりましょう。

Part 3A 練習問題

There are two reading passages below. In each passage, there are four gaps. Choose the best word or phrase from among the four choices to fill each gap.

Helping the Paralyzed to Walk

As long as a human's limbs are essentially intact, they are capable of movement. Even so, a person with perfectly healthy arms and legs will be paralyzed — unable to move either his or her arms or legs — if brain signals cannot travel from the brain through nerve tissue in the spinal cord to reach them. Spinal cord blockage, through injury or disease, can cause this to happen. In such a case, the brain will continue signaling muscles to operate, but they cannot because the spinal cord tissue — the body's communication line to the limbs — has been (1).

It is exceptionally difficult or impossible to repair nerve tissue. However, it is possible for advanced technology to capture these brain signals and carry them outside the body. Specifically, it is now possible to create robotic devices that respond to captured brain waves, and use these brain waves to move a person's arms and legs. (2), which function as limbs, can read the signals that the human brain is giving out and carry out the motions that the brain wants them to.

Work in this area has moved from the merely theoretical into the development of functioning prototypes. Researchers have even developed a functional exoskeleton: a mechanical suit that can read a person's brain waves and translate them into motion control commands. The suit will be able to move the person's arms or legs as his or her brain waves direct. The arms and legs of the exoskeleton, in essence, become the new arms and legs of the paralyzed person. (3), exoskeletons are large and bulky, and cannot move in a smooth and natural way. It is likely only a matter of time, however, before further (4) allow the paralyzed to truly walk again.

(1)　**1** impaired　　**2** substituted　　**3** composed　　**4** detailed

(2)　**1** These supplies　　　　**2** These devices
　　3 Our patterns　　　　　**4** Their analyses

(3)　**1** As a result　　　　　**2** Insofar as
　　3 In light of that　　　**4** At present

(4)　**1** exploratory travels　　**2** cost reductions
　　3 university openings　　**4** technological advancements

[英文の訳]

まひ患者の歩行援助

　人間の手足は，基本的な部分で無傷である限り動かすことができる。そうであっても，完全に健康な腕と脚を持った人が，もし脳が出す信号が脳から脊髄の神経組織を通って手足に届かなくなれば，まひ状態，つまり手足が動かせないことになる。けがや病気による脊髄の閉塞によって，このようなことが起こり得る。そのような場合においては，脳は筋肉に対して機能するように信号を出し続けるが，体の手足への通信回線である脊髄組織が損傷しているため，筋肉は機能することができない。

　神経組織を修復することは途方もなく困難か，または不可能である。しかし，先進的な技術を使い，こういった脳の信号を捉えて体の外に伝えることは可能だ。具体的には，捉えた脳波に反応し，これらの脳波を使って人の手足を動かすロボット装置を作ることは今や可能になっている。これらの装置は手足として機能するものであり，人間の脳が出している信号を読み取り，脳が求める動作を実行することができるのだ。

　この領域の研究は，単なる理論的なものから実際に動く試作品の開発にまで進んでいる。研究者たちは実用的な「外骨格」の開発までも行っている。つまり，人の脳波を読み取り，それらを変換して，動きを操作する指令にすることができる機械仕掛けのスーツである。そのスーツは本人の脳波が指示する通りにその人の手足を動かせるようになることだろう。その外骨格の手足は，本質的に，まひ状態の人の新しい手足となるのだ。現時点では，外骨格は大きくてかさばるし，滑らかで自然な形で動くことはできない。しかし，さらなる技術の進歩によってまひ患者が真に再び歩くことが可能になるのはおそらく単なる時間の問題だろう。

---

(1) ･･ 正解：**1**

問題の訳 　**1** 損傷がある　　　　　　　　**2** 交換された
　　　　　　3 構成された　　　　　　　　**4** 詳細な

解説 　まず空所の前にある has been の主語が the spinal cord tissue「脊髄組織」であることを念頭において考えましょう。脳が信号を出しても筋肉が動かない理由を述べている部分ですので，先行する第 3 文の spinal cord blockage「脊髄の閉塞」から判断して **1** の impaired「損傷がある」が適切とわかります。**2**，**3**，**4** の表現はこの文脈には全く適しません。impaired の意味を知らなかったとしても，文脈から消去法で答えを絞ることができます。

(2) ･･ 正解：**2**

問題の訳 　**1** これらの補給　　　　　　　**2** これらの装置
　　　　　　3 我々の思考［行動］様式　　**4** 彼らの分析

解説 　空所直後の which 節にある function as limbs「手足のように動く」，その後に続く can read the signals「（脳の）信号を読み取ることができる」という表現の主語を考えることになりますが，これは先行する第 2 段落第 3 文の robotic devices です。この表現の言い換えとして適切なのは **2** の These devices だと判断できるでしょう。**1** の「補給」，**3** の「思考［行動］様式」，**4** の「分析」では論理的な流れを作り出すことはできません。名詞表現を補う問題の場合は，このように本文に出ている表現の言い換えが行われることが多いので注意が必要です。

(3) ・・・ 正解：**4**

問題の訳　**1** 結果として　　　　　　　　　　**2** 〜する限りにおいて
　　　　　　　3 それを考慮すると　　　　　　　**4** 現時点では

解説　空所の後で exoskeletons「外骨格（exo-「外の」+ skeleton「骨格」）」の現状が述べられ，その後の文で「しかし〜」と今後の展望が続いていることに注目しましょう。つまり「現時点では〜だが，今後は…」という展開が一番自然なので **4** が適切です。**1** のように「結果」，**2** のように「条件」，**3** のように「根拠」を表す表現は次の表現につながらないので除外できます。なお，**2** の Insofar as は接続詞の働きをする表現なので後に S + V が続かなければならないことも確認しておきましょう。

(4) ・・・ 正解：**4**

問題の訳　**1** 探検旅行　　　　　　　　　　　　**2** 経費削減
　　　　　　　3 大学の就職口　　　　　　　　　**4** 技術の進歩

解説　まだ欠点のある装置の現状を述べた後で，さらなる「何」がまひ患者を本当に再び歩けるようにできるのか，という展望を完成させるものです。欠点を克服するのは「技術の進歩」と判断できるので **4** が該当します。**1** と **3** は本文とは全く関連がありませんのですぐに除外します。**2** の「経費削減」に関しては実際には進展の要素として含まれる可能性はありますが，本文では経費に関する記述がないので論理的な文とはなりません。

Vocabulary
- paralyzed 形 まひした ＊ the paralyzed で「まひ患者たち」　□ limb(s) 名 手足
- essentially 副 基本的に，本質的に　□ intact 形 完全な，そのままの
- nerve tissue 神経組織　□ spinal cord 脊髄　□ blockage 名 阻害，妨害，閉塞(状態)
- injury 名 けが　□ signal A to do　A に〜するように信号を出す　□ muscle 名 筋肉
- operate 動 作動する　□ exceptionally 副 特に，並外れて　□ capture 動 〜を捉える
- specifically 副 具体的に言えば　□ robotic 形 ロボットの(ような)
- respond to 〜　〜に反応する　□ function 動 機能する　□ theoretical 形 理論的な
- prototype 名 原型，試作品　□ motion control command(s) 動きを操作する命令
- direct 動 指示を出す　□ in essence 本質的に　□ bulky 形 かさばる　□ likely 副 たぶん
- a matter of time 時間の問題　□ further 形 さらなる
- allow A to do　A が〜するのを可能にする

Jack London

Jack London (1876-1916) is among the most popular American authors. Although he wrote during a time of rapid industrialization, many of his works, such as *White Fang* or *The Sea-Wolf*, focus on pioneers and individuals challenged by the harsh conditions of the seas, forests and mountains. London's style is best described as naturalist. Naturalism (5) that the entire scope of human activity is always constrained by nature — and not just wilderness, but the harsh laws of reality itself.

One of the best examples of London's naturalism is *To Build a Fire*. The short story describes the fierce but ultimately (6) efforts of a man to survive in a powerful snowstorm. Despite the man's equipment, skill, and knowledge, he is defeated in the end by the overpowering storm.

London's characters do not only struggle against the elements, however; they are often in severe competition against other humans, and do not hesitate to use (7) to achieve their goals. As the narrator states in London's work *The Star Rover*, "Intelligent men are cruel. Stupid men are monstrously cruel."

London's naturalist perspective was reinforced through carefully selecting or subtly shifting the storyteller's point of view. Much of his best-known novel, *Call of the Wild*, for instance, is told from the point of view of a dog. The dog regards his owner in an objective, indifferent way, and quickly abandons him when he perishes.

Besides receiving critical acclaim, London has also been criticized by some modern scholars for personal views which could be called controversial even for his period. London was clearly influenced by Social Darwinism: the belief that, (8) wild animals struggle against one another to survive, so do humans. Nevertheless, in the main, his writings stand out as an incisive, penetrating and relentlessly unflinching portrayal of humanity.

(5)　**1** reforms　　　**2** complains　　**3** asserts　　　**4** performs

(6)　**1** futile　　　　**2** unobtainable　**3** cautious　　**4** demanding

(7)　**1** mutual efforts　　　　　**2** extreme means
　　　3 luxurious lifestyles　　**4** financial resources

(8)　**1** even though　**2** so that　　**3** just as　　　**4** whereas

> 英文の訳

ジャック・ロンドン

　ジャック・ロンドン(1876－1916)は最も人気のあるアメリカ人作家の1人である。彼は急速な工業化の時代の間に執筆活動をしたが、『白い牙』や『海の狼』のような彼の作品の多くは、海、森林、山岳地帯の苛酷な状況に能力を試される開拓者や個人に焦点を当てている。ロンドンのスタイルは自然主義者と言い表すのが最もふさわしい。自然主義とは、人間の活動範囲全体は自然によって常に束縛を受けている——そしてそれは単なる荒野だけでなく、現実そのものが持つ苛烈な法則による——と主張するものである。

　ロンドンの自然主義が最もよく表れている例の1つが、『火を熾す』である。この短編小説は激しい吹雪の中で生き残ろうとする男の、すさまじいが結局は無駄に終わってしまう努力を描いている。主人公の男には、装備、技術そして知識があるにもかかわらず、圧倒的な力を持つ嵐によって最終的には打ち負かされてしまうのである。

　しかし、ロンドンが描く人物たちは自然の力と戦うだけではない。彼らはしばしば他の人間たちと激しい競争を繰り広げ、自分の目的を果たすためには極端な手段を使うこともいとわない。ロンドンの作品『星を駆ける者』の中で語り手が述べているように、「聡明な人間は残酷である。馬鹿な人間は恐ろしいほどに残酷である」ということになるのだ。

　ロンドンの自然主義者としての観点は、語り手の視点を念入りに選択したり、微妙に変えたりすることを通して強固なものになった。例えば、彼の最もよく知られた小説である『野生の呼び声』のかなりの部分はある犬の視点から語られている。その犬は客観的で無関心な見方で自分の飼い主を見つめ、彼が死ぬときにはすぐさま彼を見捨てる。

　批評家からの称賛を受ける一方で、ロンドンはまた、彼の生きていた時代においてさえ物議を醸すと言えるような個人的な観点のことで、一部の現代の学者たちから批判されてきてもいる。ロンドンは明らかに社会ダーウィン主義の影響を受けていた。社会ダーウィン主義とはつまり、野生の動物たちが生き残るため互いに戦い合うとまさに同様に、人間も互いに戦い合うものなのだという考えである。それでも、彼の著作は概して人間性を的確に、鋭く、無情なまでに断固として描写したものとして際立っている。

---

(5) ·· **正解：3**

> 問題の訳
　1 ～を改革する　　　　　　　　2 ～と不平を言う
　3 ～と主張する　　　　　　　4 ～を実行する

> 解説
　Naturalism「自然主義」が主語なので意味の上で **3** の「～と主張する」が最適だと判断できるでしょう。他の選択肢に関しては、まず語法的な観点から見て、**1** の reform と **4** の perform という動詞は that 節を目的語として続けることができないのですぐに除外すべきです。**2** の complain は、空所に続く that 節の内容が不満の内容とは考えられないので、やはり適切とは言えません。選択肢の語義と語法が判断できればすぐに解答できる問題です。

---

(6) ·· **正解：1**

> 問題の訳
　1 無駄な　　　　　　　　　　2 手に入れられない
　3 用心深い　　　　　　　　　　4 労力を要する

> 解説
　空所の後の efforts of a man にかかる形容詞を選択する問題で、選択肢の意味がわかればすぐに判断できるでしょう。「無駄な努力」という組み合わせができる **1** を選ぶこ

とになりますが，futile の意味がわからない場合でも消去法で **1** に絞り込めるでしょう。**1** 以外の選択肢は「すさまじいがでも結局は…な努力」という文脈に合わないからです。

(7) .... 正解：**2**

問題の訳
1 共同の努力 　　　　　　　　　　 **2 極端な手段**
3 贅沢な生活様式 　　　　　　　　 4 財源

解説 空所の前は「〜を使うことをいとわない」，後ろは「自分の目的を達成するために」となっており，use の目的語として適切なものを選ぶことになります。ロンドンの作品の中で人間同士が戦い合うことを描写している部分ですので，**2** の「極端な手段」が適切です。means「手段」は覚えておきたい重要単語ですが，仮に知らなくても **1**，**3** では「使う」ことの対象にはならないので選択肢を絞ることができます。**4** の「財源」については本文で全く触れていないので不適とわかります。

(8) .... 正解：**3**

問題の訳
1 たとえ〜でも 　　　　　　　　　　 2 〜するために
3 〜とまさに同様に 　　　　　　　 4 〜であるのに

解説 この空所から文末の humans までの部分は，前の the belief「考え，信念」の内容を表す同格の表現として成立するものでなければなりません。つまり最後の so do humans「人間も同様なことをする」という倒置表現につながるものが必要なので，**3** の just as という表現を用いるのが適切です。

Vocabulary
□ rapid 形 急速な　□ industrialization 名 工業化　□ work 名 作品　□ pioneer 名 開拓者
□ be challenged by 〜 〜に能力を試される　□ harsh 形 苛酷な
□ be best described as 〜 〜という表現が一番適している　□ scope 名 範囲，領域
□ constrain 動 〜を束縛する　□ wilderness 名 荒野，手つかずの地　□ law 名 法則
□ fierce 形 すさまじい　□ ultimately 副 最終的に　□ equipment 名 装備
□ defeat 動 〜を打ち負かす　□ overpowering 形 圧倒的な力を持つ
□ struggle against 〜 〜と戦う　□ the elements 自然の力　□ severe 形 厳しい，激しい
□ competition 名 競争　□ achieve 動 〜を成し遂げる　□ narrator 名 語り手，ナレーター
□ cruel 形 残酷な　□ monstrously 副 猛獣のように，ひどく　□ perspective 名 観点
□ reinforce 動 〜を強化する　□ subtly 副 わずかに，微妙に　□ point of view 見方，視点
□ objective 形 客観的な　□ indifferent 形 無関心な　□ abandon 動 〜を捨てる
□ perish 動 滅びる，死ぬ　□ critical 形 批評家による　□ acclaim 名 喝采，称賛
□ be criticized for 〜 〜のことで批判される　□ scholar 名 学者
□ controversial 形 議論を呼ぶような　□ stand out 際立つ，目立つ　□ incisive 形 的確な
□ penetrating 形 鋭い，洞察力のある　□ relentlessly 副 容赦なく　□ unflinching 形 断固たる
□ portrayal 名 描写　□ humanity 名 人間性　□ futile 形 無駄な

Part 3B 長い英文の読み取り（図表も含む）

問題数	2題12問
出題内容	アカデミックな内容の長い英文とそれに関する複数の問いに対して，適切な文や語句を選びます。
めやす解答時間	約25分
指示文	There are two long reading passages below. Each passage is followed by six questions. For each question, choose the best answer from among the four choices and mark your answer on your answer sheet. （下に2つの長い文章があります。それぞれの文章の後には6つの質問が続きます。それぞれの質問に対し，最も適切な答えを4つの選択肢のうちから1つ選び，解答用紙にマークしなさい。）

例題

The Photo-Secession Movement

What is the purpose of photography? Is it primarily to record reality? Or is it to create art? One could easily argue for either side and find plenty of supporting examples. Because it is a relatively new way of representing the world, at least in comparison to painting or drawing, photography has changed over time and continues to evolve. Today, professional photographers may scoff at amateurs with smartphones who consider themselves to be skilled. But the debate surrounding photography is not new. In fact, the introduction of the handheld camera near the end of the 1800s led to a similar reaction from serious photographers, giving rise to what came to be known as the Photo-Secession movement.

Photo-Secession grew out of a movement called "pictorialism," which began in the late 19th century and aimed to promote photography as a fine art. To distinguish their work from the snapshots taken with everyday handheld cameras, pictorialists used complicated photographic techniques, such as soft focus and the control of lighting and texture, to make their photos look like paintings. Sometimes they even changed the negatives by scratching or painting over them. Pictorialists were primarily interested in portrait photography and saw their work as an expression of romantic themes.

At the beginning of the 20th century, a pictorialist photographer named Alfred Stieglitz and several of his colleagues broke away from the New York Camera Club, a photography group of which they were members. They cited the club's traditional attitudes as their reason for branching out in a new, more pictorialist direction: the Photo-Secession movement. Stieglitz is quoted as saying that the name referred to "seceding from the accepted idea of what constitutes a photograph."

Stieglitz kept tight control over membership in the movement, which was by invitation only. Though it was an American group, some Europeans were included in exhibitions. And despite its exclusivity, the club was notable for its inclusion of many female artists — such as Gertrude Käsebier, who became one of the century's best-known portrait photographers — during an era when most avenues to success were closed to women. Stieglitz started a magazine called *Camera Work* and opened a gallery in New York City, both of which showcased members' work. The gallery was an important space and eventually displayed not just photos but the work of major painters, including Picasso's and Cezanne's first American exhibitions.

(49) What has been true since the invention of the handheld camera?
  1 Amateur photographers have been less able to afford the equipment they need.
  2 The skill of many amateur photographers has been comparable to that of professionals.
  3 Professional photographers have felt the need to distinguish themselves from amateurs.
  4 The focus of most professional photographers has been on recording reality.

(50) What do we learn about the pictorialists?
  1 They were the first photographers to attempt portraits.
  2 They encouraged everyday people to discover their artistic talent.
  3 Their views matched those of the New York Camera Club.
  4 Their aim was to promote photography as serious art.

(51) Why is Gertrude Käsebier mentioned?
   1 Her work influenced that of Alfred Stieglitz.
   2 She was refused membership at the New York Camera Club.
   3 To criticize the techniques that the pictorialists used.
   4 To emphasize the club's nontraditional view toward membership.

(TEAP 見本問題 2 より一部抜粋)

正解：(49) 3　(50) 4　(51) 4

> 英文の訳

フォトセセッション（写真分離）運動

　写真撮影の目的は何だろうか。主として現実を記録するためだろうか。それとも芸術作品を制作するためであろうか。どちらの側面も主張することが容易であり，裏付ける例もたくさん見つけることができる。少なくとも絵画や素描と比べて，写真は世界を描写する比較的新しい方法であるため，写真技術は時代とともに変化し，進化し続けている。今日では，プロの写真家は，スマートフォンを持ったアマチュアで自分は腕がいいと思っている者をあざ笑うかもしれない。しかし，写真を取り巻く議論は新しいものではない。実は，1800年代末期の手持ちカメラの導入により，本格的な写真家から似たような反応があり，フォトセセッション（写真分離）運動として知られるようになる流れを引き起こした。

　フォトセセッションは，19世紀末期に始まり写真を美術として振興することを目指した「ピクトリアリズム」と呼ばれる運動から生まれた。日常的な手持ちカメラで撮影されたスナップ写真から彼らの作品を区別するため，ピクトリアリストたちは軟焦点（ソフトフォーカス）や照明および質感の操作などの複雑な写真技術を使い，写真を絵画のように見せた。時にはネガを引っかいたり上に塗ったりして変えることさえあった。ピクトリアリストたちは主に肖像写真に興味を持ち，自らの作品をロマン主義的テーマの表現と見なしていた。

　20世紀初頭に，アルフレッド・スティーグリッツというピクトリアリストの写真家とその同僚数人が，メンバーであった写真組織であるニューヨーク・カメラ・クラブから離脱した。彼らは，新しくてよりピクトリアリズムに即した方向性，つまりフォトセセッション運動に分岐した理由として，上記クラブの因習的な姿勢を挙げた。スティーグリッツは，この運動の名称は「写真とは何かという既成観念から離反する」ことを表すと述べたと伝えられている。

　スティーグリッツはこの運動の会員を厳しく管理しており，会員になれるのは招待を通じてのみであった。これは米国の組織であったが，展示会にはヨーロッパ人も何人か含まれていた。そしてその排他性にもかかわらず，成功への道のほとんどが女性には閉ざされていた時代において，このクラブは20世紀で最も著名な肖像写真家の1人となったガートルード・ケーゼビアなど，多くの女性芸術家を迎えていたことで知られていた。スティーグリッツは，『カメラワーク』という雑誌を創刊し，ニューヨーク市に画廊を開いた。どちらも会員の作品を紹介するものだった。この画廊は重要な場であり，そのうち写真だけではなく，ピカソやセザンヌの米国初の展示品を含む一流の画家の作品も展示するようになった。

問題の訳 (49) 手持ちカメラの発明以降において正しいのはどれですか。
1 アマチュア写真家は必要な機材を容易に買うことができずにいる。
2 多くのアマチュア写真家の技術は，プロの腕と比べても遜色ないものになっている。
3 プロの写真家は，アマチュアから自分たちを区別する必要性を感じた。
4 プロの写真家の大半は，現実を記録することに重点を置いている。

(50) ピクトリアリストについて何が分かりますか。
1 彼らは肖像に挑戦した最初の写真家だった。
2 彼らは一般の人々に芸術的才能を発見することを勧めた。
3 彼らの考えはニューヨーク・カメラ・クラブの考えと一致していた。
4 彼らの目的は本格的な芸術として写真を振興することだった。

(51) ガートルード・ケーゼビアに言及しているのはなぜですか。
1 彼女の作品はアルフレッド・スティーグリッツの作品に影響を与えたから。
2 ニューヨーク・カメラ・クラブへの入会を断られたから。
3 ピクトリアリストの用いた手法を批評するため。
4 入会に対するクラブの非伝統的な見方を強調するため。

解説 (49) 設問に「手持ちカメラの発明以降」と時期が明示されています。これを手がかりに本文を参照しましょう。第1段落の最終文に the introduction of the handheld camera ... とあるので，この前後を中心に読みます。アマチュア写真家に関して，**1** の「機材の入手」，**2** の「技術の程度」が実際はどうなのかということは述べられていません。**4** の「プロの写真家の現実重視」についても記述はなく，**3** の「アマチュア写真家との区別」という内容だけが「写真分離運動」として第2段落第2文に記されているので，これが正解です。

(50) ピクトリアリズムについては第2段落から第3段落にかけて説明がありますが，**1** は first とは言えない点，**2** は彼らが一般の人の写真と自分たちの写真とで区別をつけたがっていた点，**3** は彼らが the New York Camera Club を脱退したという点で不適とわかります。**4** は第2段落第1文でその運動の目的として述べられているので適切と言えます。

(51) 第4段落では，成功への道が女性にはほとんど閉ざされていた時代に，彼女が排他的なこの組織の会員であった，と述べられています。**4** の「クラブの非伝統的な見方の強調」が適切で，彼女について **1** の「彼女の作品の影響」，**2** の「ニューヨーク・カメラ・クラブからの入会拒否」，**3** の「ピクトリアリストの手法への批評」に関する説明はありません。

◎ Reading Part 3B の解き方

このパートでは，2つの長い論説文を通して，論理の展開と結論を読み取る力が試されます。また，2つ目の長文にはグラフが含まれますので，Part 2Aと同じようなグラフの読み取りも必要です。段落ごとのトピックセンテンスをつかんだ上で，結論は何かを把握しましょう。

◎ 解答の手順

▶▶ 1　段落単位で話の展開をつかみ，トピックセンテンスに下線などを引いておきましょう。先に設問と選択肢を読んでおき，解答に関係すると思われる箇所にチェックを入れながら読むやり方もあります。

▶▶ 2　各選択肢を順番に吟味します。設問は多くの場合，段落単位で，話の展開に沿った順番になっています。選択肢では文中の表現を言い換えていることが多いので注意しましょう。

▶▶ 3　設問の意味を誤解していないかを再確認して，解答を決定します。

◎ 着眼点

〈何が問われているか〉
6つの設問はそれぞれの段落の話題に応じて「～はなぜか？」，「～は何か？」と問う疑問文が中心です。示された文の後半部分につながる表現を選ばせるものも出題されます。結論や要旨を判断させるものは，1つの段落だけでなく文章全体の主旨と合っているかの確認が必要です。選択肢を見て，「これは述べられていない，説明と違う」という観点から消去法で正解を絞るのも有効でしょう。

〈テーマは何か〉
扱われる話題は，特定の分野の歴史や統計，ある地域の文化，現代的な風潮の分析など，詳細で具体的な内容です。多少難しい語や表現があっても文脈から意味が推測できるレベルと言えます。

☞ ワンポイントアドバイス

専門的な文章が出題されているように見えますが，特殊な知識がなくても読めるようにレベルがコントロールされています。少しでも自分になじみのあるテーマだと格段に読みやすくなりますので，社会科や理系の科目など，普段の授業から意識的に情報収集をしたいものです。

課題・宿題

大学は高校よりも学生に大きな自由が認められるのが特徴。授業でも、高校で出される「教科書の○ページを予習してくる」「問題集の○ページから○ページまでを解いてくる」といった宿題より、もっと自由度の高い課題が出されます。例えば「△△について調べてレポートを書く」、「課題図書の第○章を読んで要約を書く」など、主体的に調べたり考えたりすることが求められていると言えるでしょう。

課題に必要な参考書籍や授業で使う教科書は、先生が指定したものを学生が各自で購入することが多く、高校のようにクラスで配付してくれることはあまりありません。また、学習が深まってくると、指定された本だけでなく自分で関連する書籍や雑誌を探して読んでみることが重要になってきます。大学の図書館には街の一般的な図書館にはない専門書籍が山のように所蔵されていますから、早く使いこなせるようになりたいですね。オープンキャンパスなどで志望校の図書館に入れる機会があったら、ぜひのぞいて大学生の気分を味わってみましょう。

Part 3B 練習問題

There are two long reading passages below. Each passage is followed by six questions. For each question, choose the best answer from among the four choices.

Helping the Bees

In their efforts to protect nature, environmentalists will often showcase a species that is endangered. Whales, seals, polar bears and similar attractive animals will often be highlighted in nature preservation campaigns. But the most important species to protect may be plants and insects. Although much less glamorous in the eyes of most people, they play vital roles in maintaining ecosystems. Worms, for instance, are detritivores, creatures that survive by eating dead things. In the process of doing this, they convert dead organic matter into soil nutrients that are critical for plants. Additionally, these and other insects, from grasshoppers to beetles, serve as food for larger animals such as birds.

In the same way, bees are vital to the ecosystems that they inhabit. During their busy days of collecting nectar from various flowers, they spread plant pollen. This is known as pollination, and it enables plants to grow by bringing pollen from one plant to another. This creates seeds, and from these seeds come more flowers. This is why bees are so vital in maintaining this cycle. Without them, the plant population could eventually be reduced. This in turn would reduce the food supply of animals that rely on this plant population, which include human beings.

Now, some species of bees may be endangered, partly from loss of habitat and partly from contact with human-created pesticides. These pesticides are chemicals designed to kill pests that are harmful to plants, such as moths. Pesticides can also kill insects that are actually helpful to plants, like bees. Experimenters have actually done field tests that show bee populations in some areas where pesticides are used have dropped anywhere from 50% to 100%.

Although much of the public debate has been over honeybees, these are actually the least-endangered bees. Honeybees are domesticated on a global scale and live in hives. Indeed, statistics show that honeybee populations have increased significantly over the 1961-2011 period, with North American honeybee populations also holding steady during that time.

This general data still hold some worrisome aspects, such as the collapse of a large number of bee colonies in places such as California. This collapse is quite possibly due, at least in part, to pesticide use and pollution. The situation is much worse for wild bees. Unlike honeybees, wild bees often live alone and inhabit only small ecosystems. In addition, wild bees have been shown to prefer certain types of plants to pollinate. If these plants are removed from an ecosystem, for example for human habitation or agriculture, these bees are highly unlikely to seek out different plants. Instead, wild bee populations will simply start to decline. Even without pesticides, agriculture itself is often a negative phenomenon for wild bees. Wild bees tend to have larger body sizes, and need more pollen. But agriculture often centers on grains such as corn and wheat, which have less pollen compared to wildflowers.

　　Humans may not be the only factor in the reduction of bee populations. Wild bees have their own natural enemies, such as mites, a very small type of parasitic creature. With all this to consider, scientists tend to broadly agree that several factors are reducing wild bee populations, and not only human-created ones. Nevertheless, these experts also agree that humans should take measures to preserve the wild bee population. These could include simple strategies such as encouraging people to plant wildflowers that attract bees in their gardens. Similar flowers could be planted along public roads and highways. Some experts have called for an end to pesticides to protect bees, although doing so would have an immediate and damaging impact on agriculture. In the end, just as there may be multiple causes of bee depopulation, there may be multiple solutions to the issue.

(1) Why are seals mentioned?
　　1 They are an example of animals that humans prefer.
　　2 They are more important to their ecosystems than other animals.
　　3 They are the most endangered animal in the oceans.
　　4 They operate in groups much larger than polar bears.

(2) According to the passage, what is true of worms?
　　1 They compete with other insects in order to survive.
　　2 They create conditions that allow plants to live.
　　3 They consume nutrients that other insects cannot.
　　4 They need a certain type of soil to move through.

(3) What do we learn about pollination?
    1 It depends primarily on pesticides.
    2 It helps diversify plant species.
    3 It varies according to the type and size of plants.
    4 It ultimately results in the creation of seeds.

(4) What was the purpose of the field tests?
    1 To compare honeybee and wild bee behaviors.
    2 To show how pesticides could be manufactured safely.
    3 To measure the effects of human activities on nature.
    4 To look for ways to increase the number of bees globally.

(5) One factor that could be contributing to wild bee depopulation may be
    1 the existence of certain parasites.
    2 the deliberate targeting of bee colonies.
    3 the collapse of beekeeping facilities.
    4 the replacement of farmland with houses.

(6) What does the author conclude about protecting wild bee populations?
    1 Scientists are still uncertain about the impact of wild bee depopulation.
    2 Pesticides must be removed as a common tool of agriculture.
    3 Wild bee populations cannot be enhanced through one single approach.
    4 Humans must stop invading areas with large numbers of wild bees.

> 英文の訳

ハチを救う

　環境保護論者たちは自然を保護する努力を進める中で，しばしば絶滅の危機にある種を PR するものだ。クジラ，アザラシ，ホッキョクグマ，そして同様の魅力のある動物たちは，たびたび自然保護運動の中で注目を集めるものだ。しかし保護しなければならない最も重要な種は植物や昆虫であるかもしれない。大抵の人の目には魅力の上でずっと劣るように見えても，それらは生態系を維持する上でとても重要な役割を果たしている。例えばミミズ（などの虫）は腐食性生物，つまり死んだり枯れたりしたものを食べることで生き延びる生物である。それを行う過程で，そういった虫は死んだり枯れたりした有機体を植物に不可欠な土壌の栄養素へと変換する。それに加え，これらの虫や他の昆虫類は，バッタから甲虫まで，鳥などのより大きい動物の食料としての役割を果たしている。

　同様に，ハチは彼らが生息している生態系にとって不可欠なものだ。様々な花から蜜を集める忙しい日々の中で，彼らは植物の花粉を拡散させる。このことは授粉として知られており，授粉はある植物から別の植物へと花粉を運ぶことにより，植物が成長することを可能にする。これによって種子が作られ，そしてこれらの種子からより多くの花が咲くことになる。これが，ハチがこのサイクルを維持するためにとても重要な存在であることの理由である。もしハチがいなかったとしたら，植物群は最終的には減少していくことになるだろう。そのことが今度は，この植物群に依存している動物たちの食料供給量を減少させることになるだろう。人間もその動物たちの仲間である。

　現在，ハチのいくつかの種は絶滅の危機にさらされているかもしれない。その理由の一部は生息地の消失であり，またもう一部は人間が作り出した殺虫剤への接触である。これらの殺虫剤は，植物にとって有害なガなどの害虫を殺すために設計された化学薬品である。殺虫剤はまた，ハチなどの，実際には植物にとって助けになる昆虫も殺してしまうこともあり得る。実際，実験者たちは，殺虫剤が使用された地域ではどこもハチの個体数が 50 パーセントから 100 パーセントの範囲で減少してしまう，ということを示す実地試験を行っている。

　世間の議論の多くはミツバチに関わるものだが，これらは実際には絶滅の危険にさらされている度合いが最も低いハチ類である。ミツバチは地球的規模で人によって飼われ，巣箱の中で生活している。実際に，統計によれば，ミツバチの個体数は 1961 年から 2011 年の期間でかなり増えたし，その時期の北米のミツバチの個体数もまた変化のないままであった。

　この全般に渡るデータはそれでも，カリフォルニアなどの諸地域において多くのハチのコロニーが崩壊しているというような気がかりな面も持っている。この崩壊は，少なくとも一因としては，殺虫剤の使用や汚染が原因である可能性がかなり高い。その状況は野生のハチにとってずっと深刻なものだ。ミツバチとは違い，野生のハチは単独で生活をし，小規模の生態系の中だけで暮らしていることが多い。さらには，野生のハチは授粉する対象として特定の種類の植物を好むことが明らかにされている。もしこれらの植物が，例えば人間の居住や農業のために生態系から取り除かれてしまった場合，これらのハチが他の植物を探し当てる可能性はとても低い。その代わりに，野生のハチの個体数はただ減少し始めることだろう。殺虫剤が使われなくても，農業そのものが野生のハチにとってはしばしば好ましくない事象となる。野生のハチは体がより大きく，より多くの花粉を必要とする傾向にある。しかし農業は多くの場合，トウモロコシや小麦のような穀物を中心とするものである。そういった穀物は野草と比較すると花粉が少ない。

　人間がハチの個体数減少の唯一の要因ではないかもしれない。野生のハチには，非常に小さな種類の寄生生物であるダニのような独自の天敵がいる。このようなことをすべて考慮に入れた上で，人間の作り出したものだけではなく，いくつかの要因がハチの個体数を減少させているということで科学者たちの意見は広く一致する傾向にある。そうであっても，人間が野生のハチの個体数を保

持するために対策をとるべきであるということについてもこれらの科学者たちの意見は一致している。対策には，人々が自分の庭にハチを引き付けるような野草を植えるように促すといった単純な方策も含められるだろう。同様に花を公道や幹線道路沿いに植えるといったことも考えられる。一部の専門家は，ハチを守るために殺虫剤の使用をやめることを求めている。しかしそうしたら農業に対して直接的な損害となる影響が出てしまうだろう。結局のところ，ハチの個体数減少に多数の原因があるかもしれないのとまさに同じように，その問題に対する解決策も多数存在するかもしれないのだ。

（1） 正解：1

問題の訳 なぜアザラシのことが言及されているのですか。
1 人間が好む動物の一例であるから。
2 他の動物よりも生態系にとって重要であるから。
3 海洋で最も絶滅の危険にさらされている動物であるから。
4 ホッキョクグマよりもずっと大きな集団で活動するから。

解説 アザラシのことに言及されているのは第1段落の第2文のみで，similar attractive animals という表現がそれに続き，第4文では植物と昆虫を引き合いに出し much less glamorous in the eyes of most people と述べられています。つまりアザラシは植物や昆虫と比べて，大抵の人にとってより魅力的な動物の例として出されているものなので，1 が正解です。2 のように生態系との関係は述べられていません。絶滅の危険にさらされている動物の一例ではありますが，3 のように most endangered であるという記述はありません。また 4 のホッキョクグマに関してはアザラシとともに列挙はされていますが，両者の習性を比較する表現はありません。

（2） 正解：2

問題の訳 本文によると，ミミズに関してあてはまるのはどれですか。
1 生き残るために他の昆虫と競い合う。
2 植物が生育する諸条件を作り出す。
3 他の昆虫類には消費できない養分を消費する。
4 動き回るためにある特定の種類の土壌を必要とする。

解説 worm とは細長くて足がなく柔らかい虫，特にミミズのことを指します。この虫に関しては第1段落の第6文で soil nutrients that are critical for plants を植物に提供することが述べられています。よって，2 が正解です。1 の「他の昆虫類との争い」，3 の「養分の消費」，4 の「特定の種類の土壌」に関しては言及されていないので除外されます。

(3) 　　　　　　　　　　　　　　　　　　　　　　　　　　　　　　　　　　　　正解：**4**

問題の訳 授粉に関してはどのようなことがわかりますか。
1 主に殺虫剤に依存している。
2 植物の種を多様化させる手助けをする。
3 植物の種類や大きさによって変わる。
4 最終的に種子を作ることにつながる。

解説 pollination「授粉」に関しては第 2 段落冒頭から説明が始まり，第 3 文で This is known as pollination, and it enables ...，第 4 文で This creates seeds, and ... と種子を作る働きについて言及しています。よって **4** が正解です。**1** の殺虫剤との関連，**2** の植物の多様化との関連，**3** の種類や大きさによる差に関しては全く述べられていないので不適とわかります。

(4) 　　　　　　　　　　　　　　　　　　　　　　　　　　　　　　　　　　　　正解：**3**

問題の訳 実地試験の目的は何でしたか。
1 ミツバチと野生のハチの行動を比較するため。
2 どうしたら殺虫剤を安全に作ることができるかを示すため。
3 人間の活動が自然に与える影響を計測するため。
4 地球規模でハチの数を増やす方法を探すため。

解説 実地試験に関する記述は第 3 段落の最終文です。その結果わかることは field tests that show ... の後に説明があり，殺虫剤が使われた地域でハチの個体数が減少しているということが述べられています。したがって **3** が適切です。**1** のハチの種類による行動比較，**2** の殺虫剤の製造，**4** のハチの数を増やす方法に関してはこの実地試験との関連がないと判断できるので不適です。

(5) 　　　　　　　　　　　　　　　　　　　　　　　　　　　　　　　　　　　　正解：**1**

問題の訳 野生のハチの個体数減少をもたらしている可能性がある要因の 1 つは
1 特定の寄生生物の存在かもしれない。
2 ハチのコロニーが意図的に攻撃目標にされていることかもしれない。
3 ハチを飼育する施設の崩壊かもしれない。
4 農地が家屋に取って代わられることかもしれない。

解説 ハチの個体数減少の要因である可能性のあるものはいくつか挙げられていますが，選択肢の中で該当するのは **1** の「特定の寄生生物の存在」のみで，このことは最終段落の第 2 文で説明されています。意図的に減少に追いやられているという記述はないので **2** はすぐ除外されますし，**3** の「飼育施設の崩壊」も記述がありません。また **4** に関しては，第 5 段落に「人間の居住や農業のために，ある植物が生態系から取り除かれてしまった場合」の説明があり紛らわしいですが，「農地」がなくなることが減少の要因とは言っていないので不適です。

106

(6) 　　　　　　　　　　　　　　　　　　　　　　　　　　　　　　　　　　正解：3

問題の訳　筆者は野生のハチの個体数保護に関してどのような結論を述べていますか。
1　科学者たちはいまだに野生のハチの個体数減少がもたらす影響を確信していない。
2　農薬は農業に用いる一般的な手段として撤廃されなければならない。
3　野生のハチの個体数をたった1つの方法で増加させることはできない。
4　人間は多数の野生のハチがいる地域を侵害するのをやめなければならない。

解説　筆者の結論は最終段落の最終文に述べられています。つまり，ハチの個体数減少の原因がいくつもあるのなら，方策も同じようにたくさんあるかもしれない，ということです。よって **3** が正解となります。**1** の「ハチの個体数減少がもたらす影響」の説明は第2段落にありますが，科学者がそれを確信していないという記述はありません。**2** は一部の専門家の意見として紹介はされていますが筆者の意見ではありませんし，**4** に関しては，人間の活動が要因の一部であるにしても，結論としては述べられていないので除外されます。

Vocabulary
- □ environmentalist 名 環境保護論者　□ showcase 動 ～をPRする，引き立てて見せる
- □ endanger 動 ～を(絶滅の)危険にさらす　□ highlight 動 ～を目立たせる
- □ insect 名 昆虫 ＊「虫」全般を指すこともある　□ glamorous 形 魅力的な
- □ maintain 動 ～を維持する　□ ecosystem 名 生態系　□ detritivore 名 腐食性動物
- □ convert A into B AをBに変換する　□ nutrient 名 養分　□ critical 形 不可欠な
- □ additionally 副 その上　□ grasshopper 名 バッタ　□ beetle 名 (カブトムシなどの)甲虫類
- □ inhabit 動 ～に住む　□ nectar 名 花の蜜　□ pollen 名 花粉　□ pollination 名 授粉作用
- □ seed 名 種子　□ population 名 個体数，個体群　□ eventually 副 最終的に，結局
- □ habitat 名 生息地　□ pesticide 名 殺虫剤　□ chemical 名 化学薬品　□ pest 名 害虫
- □ moth 名 (虫の)ガ　□ experimenter 名 実験者　□ field test 実地試験
- □ domesticate 動 ～を飼育する，家畜化する　□ hive 名 巣箱　□ statistics 名 統計
- □ significantly 副 おおいに　□ steady 形 安定した　□ worrisome 形 心配な，気になる
- □ aspect 名 局面　□ collapse 名 崩壊　□ colony 名 集団，群れ　□ due to ～ ～のせいで
- □ pollinate 動 ～に授粉する　□ remove 動 ～を除去する　□ habitation 名 居住
- □ agriculture 名 農業　□ seek out ～ ～を探し出す　□ negative 形 負の，不都合な
- □ phenomenon 名 現象，事象　□ grain 名 穀物　□ natural enemy 天敵　□ mite 名 ダニ
- □ parasitic creature 寄生生物　□ nevertheless 副 それでも　□ measure 名 対策
- □ preserve 動 ～を守る　□ strategy 名 戦略，方策　□ call for ～ ～を要求する
- □ multiple 形 多数の　□ depopulation 名 人口[個体数]減少　□ issue 名 問題

The Suburbs of America

Since at least the 1950s, many middle-class Americans have preferred suburban living. Suburbs have offered more residential space at lower prices, along with more amenities such as parks, shopping outlets, and better schools. By the 1990s, some experts were forecasting that city cores would be places that would be largely abandoned, or become littered, high-crime areas occupied only by low-income residents. Detroit, Newark, Philadelphia and similar cities were illustrative of this forecast. By 2015, 53% of Americans described their residence as suburban.

Underlying this trend, however, was a shift by some suburbanites back to city cores. Much of this shift was composed of affluent young people, particularly those in the fields of high-tech, finance and law. Major American cities such as New York City, Chicago and San Francisco saw residential and commercial space prices in city cores rise substantially as these young people began opting for city living. City-core living provided them shorter commutes (in some cases having no need for private car ownership at all), proximity to entertainment and art, and a generally relaxed and liberal social atmosphere. Higher incomes allowed them to pay increasingly high prices per square foot, and expensive rents or mortgages also guaranteed that their neighbors would be as affluent as themselves.

As this shift took place, property prices, both for houses and apartments, began to decrease in many suburbs. Interestingly enough, as this happened, cheap suburban residential space, in contrast to high-priced urban cores, began to attract low-income residents. In some sense, a partial exchange of populations from city to suburbs occurred, and this exchange is ongoing. The suburbs are also more often home to low-income immigrants with few skills and little fluency in English. For these newcomers, some of whom are undocumented, cheaper residential prices have an obvious appeal. In suburbs such as Warren, Michigan or Ferguson, Missouri, it is common now to see much more ethnically diverse populations, with white, often older, residents living side by side with Latinos, Asians, African-Americans and others.

Although these suburbs offer cheaper housing, living costs in major metropolitan areas are rising rapidly, and a majority of the most lucrative metropolitan jobs, such as in technology or medicine, require advanced education and experience — the same skills that most of the new poor in the suburbs lack. These suburban poor are then consigned to unskilled, low-paid work in the service sector, from housekeeping to food preparation. One indicator of just how low-paid these jobs are is that food banks have grown at incredibly high rates in suburban areas.

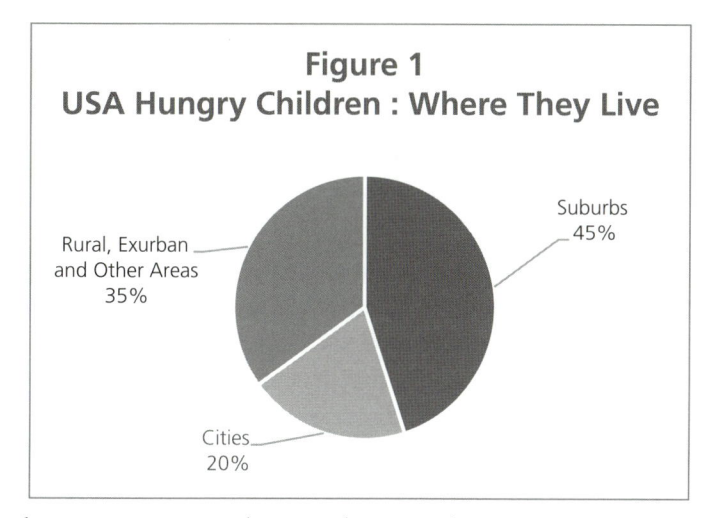

Figure 1
USA Hungry Children : Where They Live

- Suburbs 45%
- Rural, Exurban and Other Areas 35%
- Cities 20%

Suburban governments that are host to these new poor also find their resources stretched thin. Schools, hospitals, and other public services have to accommodate much larger populations. This is made more difficult because low-income residents can add little or nothing to the tax base of the city. In fact, low-income residents are a net expense to these suburbs, since they often pay no income taxes (due to their low incomes) but have to make greater use of public services, from welfare payments to bilingual education courses. Aggravating this is the continuing departure of the higher-income population from suburbs, either to city cores or to exurbs, which are suburbs that are often 30-50 miles away from these cores. Exurban lifestyles are made possible through people working remotely, or otherwise commuting infrequently.

Some scholars have suggested that the solution to these problems might be consolidation. Whereas it is hard for a small suburb to effectively serve a large, low-income population, it is easier for a large suburb to do so. Suburban consolidation could also generate the levels of population density high enough to attract more retail and other businesses, which in turn could raise employment levels, increase suburban tax bases, and shorten commutes. There is no reason, under consolidation, that small suburbs cannot join to become midsize cities. This plan, of course, immediately encounters the problem of small suburban governments not wanting to give up their powers. Only determined and organized residents who directly demanded such consolidation would be likely to achieve it.

(7) Which statement best summarizes the passage?
   1 Poverty is a serious problem in both cities and suburbs.
   2 Suburbs face a variety of socioeconomic challenges.
   3 City cores are growing far faster than suburban areas.
   4 The national government needs a plan to help suburbs and cities.

(8) According to the passage, housing prices are important because they
   1 cause changes in population patterns.
   2 depend on local economic growth.
   3 vary depending on city government decisions.
   4 have a direct relationship to tax rates.

(9) The information in Figure 1 is used to illustrate
   1 the implied presence of severe poverty in specific areas.
   2 the growth of suburban poverty over long periods of time.
   3 the falling incomes of both city and non-city residents.
   4 the results of failed anti-poverty programs on the local level.

(10) The author introduces the term "net expense" to describe
   1 the cost of designing public programs.
   2 the low tax rates of many suburban areas.
   3 the greater reliance of the poor on public services.
   4 the higher amount of money necessary to upgrade facilities.

(11) Which of the following statements is supported by the sixth paragraph?
   1 Suburbs and cities must work together to solve their mutual problems.
   2 Some suburbs must become less dense in order to survive.
   3 Suburbs are where most professional people will want to live in the future.
   4 Combining suburbs could generate more economic growth.

(12) In the conclusion, the author implies that
- **1** changes to the current situation could be exceptionally difficult.
- **2** elections must be held more frequently in small suburban areas.
- **3** suburban inefficiencies will eventually cause radical changes.
- **4** suburbs are beginning to offer advantages that city cores cannot match.

> 英文の訳

アメリカの郊外

　遅くとも1950年代以降，多くの中流アメリカ人は郊外での生活の方を好むようになっている。郊外は，公園，ショッピングアウトレット，そしてより良い学校などのより多くの生活を快適にする施設とともに，より低い費用でより広い居住空間を提供してきた。一部の専門家たちは1990年代までに，都市の中心部は大部分が見捨てられるか，低所得の住民だけが占めるゴミだらけの犯罪率の高い地区になるだろうと予測していた。デトロイト，ニューアーク，フィラデルフィアやその他の似たような都市がこの予測の実例となった。2015年の時点で，アメリカ人の53パーセントが自分たちの住まいを郊外であると述べるようになった。

　しかしながら，この傾向の陰にあったのが，一部の郊外居住者が都市の中心部へ回帰するという転換であった。この転換の多くが，特にハイテク，金融そして法律などの分野に従事する裕福な若者たちで構成されていた。ニューヨーク市，シカゴ，サンフランシスコなどのアメリカの大都市では，これらの若者たちが都市での生活を選び始めるにつれ，都市の中心部での居住用，商業用スペースの価格がかなり上昇するということになった。都市の中心部での生活で彼らは，通勤距離が短くなり（場合によっては個人で車を所有する必要が全くなくなり），娯楽や芸術との距離が近くなり，また全体的にくつろいだ開放的な社会の雰囲気を味わうことができるようになった。収入が高くなったことで若者たちは1平方フィート当たりどんどん高くなる地価を払うことができるようになり，高額の家賃や住宅ローンは近隣の人々が自分たちと同じくらい裕福になることを保証したのだった。

　このような転換が起こると，多くの郊外では家屋と共同住宅のどちらに関しても資産価値が下落し始めた。実に興味深いことに，このようなことが起こるにつれ，安価な郊外の住宅地域が，高価な都市中心部とは対照的に，低所得の住民たちを引き付けるようになった。ある意味では，都市部から郊外へと住民の部分的な入れ替えが起こり，この入れ替えは継続中である。郊外はまた，ほとんど技術を持たず，英語がほとんどできない低所得の移民たちの居住する場所となることが多くなった。このような新参者たちにとっては，中には必要な許可証を持っていない人たちもおり，より安い居住費用は明らかな魅力なのだ。ミシガン州のウォーレン，ミズーリ州のファーガソンなどの郊外では，ラテン系，アジア系，そしてアフリカ系アメリカ人やその他の人々と共存して生活している白人の，多くの場合高齢の住民たちもいて，ずっと人種的に多様な住民を目にするのが今では普通のことになっている。

　これらの郊外はより安い住宅を提供してはくれるが，主な大都市圏における生活費は急速に上がっていて，科学技術や医学分野のような最も実入りの良い大都市の仕事の大多数には，先進の教育や経験，つまり郊外における新しい貧困層のほとんどが持っていないのと同じ能力が要求される。よってこれら郊外の貧困層は，家事から調理に至る，サービス部門の中でも熟練を要しない賃金の安い仕事へと追いやられる。これらの仕事がどれだけ賃金が低いかを的確に示す1つの指標は，郊外の地域においてフードバンク（食糧銀行）が驚くほど高い割合で成長しているということだ。

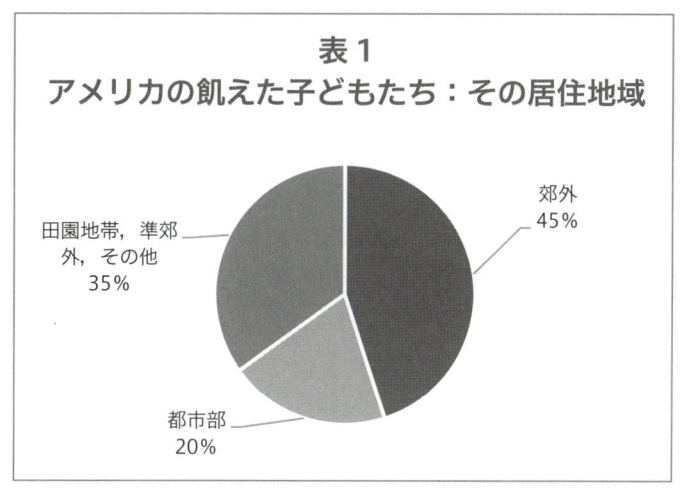

**表1
アメリカの飢えた子どもたち：その居住地域**

- 郊外 45%
- 田園地帯，準郊外，その他 35%
- 都市部 20%

　これらの新たな貧困層を受け入れている郊外の自治体もまた，自分たちの財源にあまり余裕がないことは承知している。学校，病院やその他の公共サービスは今までよりもずっと多くの人々を受け入れなければならない。これはますます困難になっている。低所得の住民は，市の税基盤に対してほとんど，あるいは全く，寄与し得ないからだ。実際，低所得の住民は（低所得のために）全く所得税を払わないことが多いけれども，福祉手当の支給から2か国語による教育コースまでをより多く利用しなければならないので，これらの郊外にとっては実質的な出費となる存在である。これを悪化させているのは，より高所得の人々が郊外から都市の中心部や準郊外へと離れ続けていることである。準郊外とは，郊外の中心部から多くの場合30〜50マイル（約48〜80キロメートル）離れた郊外のことである。準郊外のライフスタイルは，遠隔地で働くか，そうでなければめったに通勤しない人々によって可能となっている。

　一部の学者は，このような問題の解決策は合併だろうと提案している。1つの小さな郊外（の自治体）が多数の低所得者層に対して効果的にサービスを提供するのは難しいが，大きな郊外（の自治体）がそうするのはより容易である。郊外の自治体合併はまた，より多くの小売業や他の事業を引き付けるのに十分なほどの高い人口密度を生み出すことができる可能性があるし，そしてそれが今度は，雇用のレベルを上げ，郊外の税基盤を増やし，通勤距離を短くする可能性もある。合併をすれば，小さな郊外（の自治体）が中規模の都市（の自治体）になれない理由はない。このような計画はもちろん，小さな郊外の自治体が自分たちの権力を手放したがらないという問題にすぐに直面する。そのような合併を直接主張した，決意が強固で団結力のある住民だけが，きっとそれを成し遂げるだろう。

(7) .... 正解：**2**

問題の訳 どの意見が英文の要旨を最も的確に述べていますか。
1 貧困は都市部と郊外の両方において深刻な問題である。
2 郊外は様々な社会経済上の課題に直面している。
3 都市の中心部は郊外の地域よりもずっと急速に成長している。
4 国の政府には郊外と都市部を援助する計画が必要である。

解説 この英文では第2段落以降，一貫して郊外がかかえる，特に経済的な問題を扱っています。移民や貧困層の流入による郊外の自治体の問題が中心ですので**2**が正解です。**1**の「（現在の）都市部の貧困」，**3**の「郊外より速い都市中心部の発展」の話題はないので，それぞれ該当しないと判断します。**4**の「国家単位での対策」と考えられるのは最終段落で述べられている「自治体合併」ですが，その対象は「郊外」で「都市部」は含んでいないので不適です。

(8) .... 正解：**1**

問題の訳 英文によると，住宅費が重要である理由は
1 住民の構成パターンに変化をもたらすからである。
2 地元の経済成長に依存しているからである。
3 都市の自治体の決定次第で変化するからである。
4 税率に直接的な関係があるからである。

解説 住宅費のことについて詳しく言及しているのは第3段落で，郊外の住宅費が安くなることで貧困層の住民が増えることが述べられています。よって**1**が正解です。**2**の「地元の経済成長」との関連，**3**の「都市の自治体の決定」との関連は述べられていませんし，**4**の「税率」に関してはこの英文では全く扱われていませんので，それぞれ除外されるものと判断できます。

(9) .... 正解：**1**

問題の訳 表1の中で使われている情報が示しているものは
1 暗示される，特定の地域における過酷な貧困の存在である。
2 長期にわたる郊外の貧困の増大である。
3 都市部と非都市部住民の双方において下落している収入である。
4 地域レベルではうまくいっていない反貧困プログラムの結果である。

解説 表1の数値は空腹の子どもたちの居住地域が郊外に集中していることを明確に示しています。第4段落最終文ではフードバンクが郊外で急激に増加していることも述べられていますので**1**が該当します。**2**は「長期にわたる」，**3**は「都市部」という表現が不適切であり除外されます。**4**に関しては，「反貧困プログラム」の話題は扱われていないということから表1とは関係がないと判断できます。

(10) 正解：3

問題の訳 筆者が net expense「実質上の出費」という言葉を用いて描写しようとしているのは
1 公共事業を立案する上での費用のことである。
2 多くの郊外の地域の低い税率のことである。
3 公共サービスに対する貧困層のより大きな依存の度合いのことである。
4 施設を改良するのに必要なますます多額となる費用のことである。

解説 net expense という言葉が使われているのは第 5 段落で，低所得の住民たちは所得税をほとんど払わない一方で公共サービスのニーズは高いということに対する描写です。したがって **3** が合致します。**1** の「公共事業の立案」，**2** の「郊外の地域の低税率」，**4** の「施設の改良の費用」とは全く関連がありません。この表現の net は形容詞で，「正味の，掛け値なしの，実質的な」の意味です。意味を知らなくても，第 5 段落の net expense に続く since 以下の文から推測することができるでしょう。

(11) 正解：4

問題の訳 第 6 段落によって裏付けられるのは次の意見のうちどれですか。
1 郊外と都市は共通の問題を解決するために共に努力しなければならない。
2 一部の郊外は生き残るために人口密度を低くしなければならない。
3 郊外はほとんどの専門職の人々が将来住みたがるようになる場所である。
4 郊外を合併させることがさらなる経済成長を生み出す可能性を持っている。

解説 第 6 段落で紹介されているのは一部の学者が提唱している「郊外の合併」で，人口密度を上げることで小売業や他の事業を引き付けることになり，雇用のレベル，税収を向上させることにつながるという理由によるものです。したがって **4** が正解です。**1** の「郊外と都市の協力」，**2** の「人口密度の低減」，**3** の「郊外の評価」は述べられていないので不適です。

(12) 正解：1

問題の訳 結論で，筆者が暗示しているのは
1 現在の状況を変えるのは並外れて困難だろうということ。
2 小さな郊外の地域ではより頻繁に選挙が行われなければならないということ。
3 郊外の非効率性が結局は急激な変化を引き起こすだろうということ。
4 郊外が都市の中心部が太刀打ちできないような利点を提供し始めているということ。

解説 最終段落の結論では合併によって生じると予想される肯定的な面と，合併を推進する上で生じる，独立性を保ちたいという自治体の意思の問題が並列して述べられ，最後の文では，Only determined and organized residents ... would be likely to achieve it. という形で合併を実現させることの困難さを示しています。よって **1** が正解。**2** の「選挙」，**3** の「郊外の非効率性」，**4** の「郊外の利点」は結論では触れられていないので不適とわかります。

Vocabulary ☐ suburb 名 郊外　☐ residential 形 住宅の　☐ amenity 名（生活に役立つ）施設
☐ forecast 動 ～を予想する　☐ core 名 中心部　☐ abandon 動 ～を捨てる
☐ littered 形 散らかった　☐ high-crime 形 犯罪率の高い　☐ occupy 動 ～を占領する
☐ resident 名 住人　☐ be illustrative of ～ ～の実例となる　☐ shift 名 転換，移動
☐ suburbanite 名 郊外の住人　☐ be composed of ～ ～で構成されている
☐ affluent 形 裕福な　☐ substantially 副 かなり　☐ opt for ～ ～を選ぶ
☐ commute 名 通勤距離　☐ proximity 名 近さ，触れやすさ　☐ atmosphere 名 雰囲気
☐ per square foot 1平方フィート当たり　☐ mortgage 名 抵当権，住宅ローン
☐ guarantee 動 ～を保証する　☐ property price 資産価値　☐ partial 形 一部の
☐ immigrant 名 移民　☐ undocumented 形 査証を持たない　☐ ethnically 副 人種的に
☐ diverse 形 多様な　☐ Latino(s) 名 ラテンアメリカ系の人(々)　☐ lucrative 形 利益の多い
☐ consign 動 ～を追いやる　☐ sector 名 領域，分野　☐ food bank フードバンク(食品の製造工程で発生する規格外品などを引き取り，生活困窮者へ無料で提供する活動)
☐ be stretched thin 引きのばされて薄くなっている　＊比喩的に「使い果たして残り少なくなっている」という意味を表す　☐ net 形（利益などが）正味の，結局の
☐ welfare payment 福祉上の手当支給　☐ aggravate 動 ～を悪化させる
☐ departure 名 離脱，別離　☐ exurb 名 準郊外　☐ remotely 副 離れたところで
☐ consolidation 名 合併　☐ whereas 接 ～であるのに，～に反して
☐ serve 動 ～に奉仕する　☐ population density 人口密度　☐ retail 名 小売り
☐ in turn 次に，今度は　☐ encounter 動 ～に遭遇する　☐ determined 形 固い決意の
☐ organized 形 まとまった，組織的な

Listening

リスニングの出題内容 …… 118

Part 1A …… 120
Part 1B …… 136
Part 1C …… 152
Part 2A …… 172
Part 2B …… 192

リスニングの出題内容

リーディングの後，試験官の指示でリスニングに移ります。間に休憩時間はありません。最初に音声テストがありますので，試験官の説明をよく聞き，音量が小さいなど聞き取りにくいことがあったらこのときに申し出ましょう。

リスニングは計 50 問で，試験時間は約 50 分です。音声はすべて 1 回しか放送されません。

パート	出題内容	問題数	解答時間
Part 1A 短い会話の聞き取り	大学生活を想定した短い会話と問いを聞き，それに対して適切な文を選びます。 出題のねらい◎学生として遭遇する可能性の高い相手とのやりとりの聞き取り（例：教授，アカデミック・アドバイザー，留学生など）	10 問	各問 10 秒
Part 1B 短い英文の聞き取り	大学の講義などを想定した短い英文と問いを聞き，それに対して適切な文を選びます。 出題のねらい◎講義（ミニ・レクチャー）や報道情報などの聞き取り	10 問	各問 10 秒
Part 1C 短い英文の聞き取り （図表も含む）	大学の講義などを想定した短い英文を聞き，その内容に適した図表を選びます。 出題のねらい◎図表の理解と組み合わせた英文の聞き取り	5 問	各問 10 秒
Part 2A 長い会話の聞き取り	大学生活を想定した長い会話と複数の問いを聞き，それらに対して適切な文を選びます。 出題のねらい◎学生として遭遇する可能性の高い相手とのやりとりの聞き取り（例：教授，アカデミック・アドバイザー，留学生など） ※ 2 者間だけでなく，3 者間のやりとりも含む	3 題 9 問	各問 10 秒
Part 2B 長い英文の聞き取り （図表も含む）	大学の講義などを想定した長い英文と複数の問いを聞き，それらに対して適切な文を選びます。 出題のねらい◎授業・講義などの聞き取り（図表も含む）	4 題 16 問	各問 10 秒
		計 50 問	計約 50 分

Listening Section

There are five parts to this listening test.

Part 1A	Short Conversations:	1 question each	Multiple-choice
Part 1B	Short Passages:	1 question each	Multiple-choice
Part 1C	Short Passages:	1 question each	Multiple-choice (Graphs)
Part 2A	Long Conversations:	3 questions each	Multiple-choice
Part 2B	Long Passages:	4 questions each	Multiple-choice

※ Listen carefully to the instructions.

Part 1A

No. 1
1. He misses his home country.
2. He does not like his roommate.
3. He is finding it difficult to make friends.
4. He is not doing well in his classes.

No. 2
1. Her parents have given her permission.
2. Her school now requires a year abroad.
3. She wants to travel in a foreign country.
4. She will work there after graduation.

No. 3
1. Take a summer course in composition.
2. Try to find a job teaching philosophy.
3. Look for part-time work on campus.
4. Work as an intern in the publishing industry.

No. 4
1. Change the time of their session.
2. Change their study location.
3. Move their session to another day.
4. Study by himself tonight.

> 問題に関する指示文はすべて英語で，音声で放送されます。本書では各パートの最初にスクリプトと日本語訳を掲載していますので，内容を確認しておきましょう。

Listening Section

Part 2A

A

Situation: A student is meeting with a tutor at the university's study-skills center.

No. 26 What does the tutor say about the student's test answers?
1. They were too short.
2. They were not well organized.
3. They contained incorrect information.
4. They did not deserve partial credit.

No. 27 What is the tutor's opinion of the problem?
1. It is partly the professor's fault.
2. It is uncommon for first-year students.
3. It may cause him to fail the course.
4. It is not difficult to correct.

No. 28 What does the tutor suggest that the student do?
1. Proofread his work more carefully.
2. Practice writing longer essays.
3. Write outlines when taking essay exams.
4. Ask the professor to explain her comments.

MEMO

> 問題はすべてマークシート式の選択問題で，記述問題はありません。

> 質問文が問題冊子に印刷されているパートと，問題冊子には選択肢しか印刷されていないパートがあるので，注意しましょう。

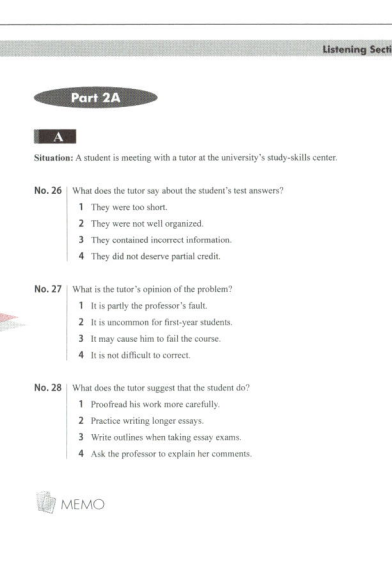

（いずれも TEAP 見本問題 1 より）

Part 1A 短い会話の聞き取り

問題数	10問
出題内容	大学生活を想定した短い会話と問いを聞き，それに対して適切な文を選びます。
解答時間	1問10秒
指示文 （音声で放送されます） ⊙ Tr.1	Part 1A. In this part, you will hear 10 short conversations. Each conversation will be followed by one question. For each question, you will have 10 seconds to choose the best answer and mark your answer on your answer sheet. The conversations and questions will be played only once. Now, let's begin. (Part 1A　このパートでは，10の短い会話を聞きます。それぞれの会話には1つの質問が続きます。それぞれの質問に対し，10秒間の解答時間の間に最も適切な答えを選び，解答用紙にマークしなさい。会話と質問は1度だけ読まれます。それでは，始めます。)

例題

放送文　⊙ Tr.2

★：Thank you so much for agreeing to this interview, Ms. Miyashita.
☆：You're welcome, Henry. What did you want to talk about?
★：Well, I'm studying Japanese foreign policy, so meeting with a Japanese diplomat seemed like a good idea for my research project.
☆：I see.
★：I was hoping we could talk about how Japanese foreign policy has evolved over the past couple of decades.
☆：OK. I've been a diplomat for 23 years now, so I should be able to talk about the period you're interested in.
★：Great.
Question: What does the student want to discuss?

> 問題冊子に印刷されている文

1 Why the woman decided to become a diplomat.
2 How to get a job as a diplomat.
3 Where he can get information about Japan.
4 How Japan's foreign policy has developed.

(TEAP 見本問題 2 より)

正解：4

> 問題の訳

★：このインタビューに応じていただきましてありがとうございます，ミヤシタさん。
☆：どういたしまして，ヘンリー。何についてお話ししたかったのかしら？
★：ええ，僕は日本の外交政策について学んでいますので，僕の研究プロジェクトには日本人の外交官と面談するのがいいと思いました。
☆：なるほど。
★：ここ数十年間に日本の外交政策がどのように進展してきたかについてお話しできればと思います。
☆：分かりました。私は外交官になってもう 23 年になりますので，あなたが興味を持っている時代についてお話しできるでしょう。
★：それはよかったです。
質問：学生は何について話し合いたいのですか。

1 女性が外交官になろうと思った理由。
2 外交官としての職を得る方法。
3 日本に関する情報を入手できるところ。
4 日本の外交政策がどのように展開してきたか。

> 解説

男性（学生）の発言から，日本の外交政策を研究していて外交官と話がしたいと思っていること，さらに，日本の外交政策の進展について聞きたがっていることがわかります。それに対して女性（日本人女性）が自分は 23 年間外交官をしているので要望に応えられるだろうと答えています。したがって正解は **4** とわかります。放送文の was hoping we could talk about が質問では want to discuss と言い換えられているところがポイントです。

◎ Listening Part 1A の解き方

このパートでは，話をしている人物とトピックの正確な把握が大切です。キーワードにあたる語や表現をしっかり聞き取るように意識しましょう。質問が印刷されていないので，最後に読まれる質問まで間違いなく聞き取ることが必要です。

◎ 解答の手順

▶▶ 1 発言者自身や会話の相手，トピックに関係する言葉に注意して放送を聞きます。
▶▶ 2 質問を聞き取ります。疑問詞などに注意し，何が問われているかを正確に理解します。
▶▶ 3 質問に対する正しい答えを選びます。

◎ 着眼点

〈話しているのは誰か〉
まず話者に関する情報を把握します。誰と誰が話をしていて，2人はどういう関係であるかを捉えましょう。Part 1A は必ず 2人の会話です（Part 2A では 3人の会話も出題されます→ p.188）。原則として大学生活に関するトピックについて話されますから，話者は学生同士，学生と教授，学生と大学の職員などが考えられます。

〈何について話しているか〉
次に，何について話しているか，すなわち会話のトピックは何かを聞き取ります。大学生活についてのトピック，例えば次のようなものが考えられるでしょう。
講義／レポートなどの課題／図書館，カフェテリア，売店などの施設利用／海外留学／外国語学習／課外活動／アルバイト／就職活動　など
様々なトピックがありますが，いずれにしてもすばやく正確にトピックを把握できれば，話される内容の予測がついて聞き取りやすくなります。

〈質問の把握と正解の選び方〉
何が問われているかを理解するため，質問に含まれる，特にトピックについてのキーワードを聞き逃さないように気をつけましょう。また，what, why, how などの疑問詞は質問に対する答えのカギになりますので，正確に聞き取る必要があります。選択肢はその質問に正しく答えるものでなければなりません。仮に会話の内容に一致する選択肢であっても，質問の趣旨からずれている場合はもちろん正解になりません。また，本文とは違う表現が用いられることが多いので「言い換え」に注意しましょう。

☞ ワンポイントアドバイス

使われている英語自体はそれほど難しくありませんが，大学生活に関係する語彙・表現に慣れておき，よく出るシチュエーションを理解しておくことが役立ちます。本書に掲載されているコラムも参考にしましょう。

専攻

TEAPに頻出のキャンパス用語が「専攻(major)」。専門とする学問分野のことです。多くの場合，大学1年生のうちは「一般教養」と呼ばれる幅広い知識を主に学びますが，年次が進むにつれて徐々に学問分野が細分化され，自分の関心のある分野を選んでより専門的な研究を進めることになります。大学によっては「ダブルメジャー」といって，まったく別の2つの専攻を持つことが推奨される場合もあります。

専攻は将来のキャリアにつながる重要な選択ですから，TEAPの中でも選択に悩んでいたり，今の専攻から別の専攻に変更したいと相談したりしている場面がよく登場します。入学後に転部・転科をするのは，たいていの場合かなり大変なことですから，専攻はよく考えて決めたいものです。

Part 1A 練習問題

Tr.3 ～ Tr.12

No. 1
1. It often travels internationally.
2. It contains diverse members.
3. It is based on instructors' ideas.
4. It helps students travel across America.

No. 2
1. She wants to retake an earlier exam.
2. She wants to shorten her study hours.
3. She wants to help the man learn.
4. She wants to switch to another class.

No. 3
1. Interview for a job.
2. Lead a class.
3. Organize a tour.
4. Write up an agenda.

No. 4
1. What class to enter.
2. What subject to write about.
3. What historical period to research.
4. What book to read.

No. 5
1. It is not very convenient.
2. It requires a lot of discipline.
3. It requires an advanced computer.
4. It is too expensive to carry out.

No. 6
1. She is uncomfortable when talking to the professor.
2. She is not confident about painting in the style taught in the class.
3. She is not used to handling so many projects.
4. She wants to paint using more techniques.

No. 7　**1**　To see if a lost item is there.
　　　　2　To file a report on a stolen product.
　　　　3　To learn about security procedures.
　　　　4　To drop something off at the office.

No. 8　**1**　Leave the school.
　　　　2　Meet with a professor.
　　　　3　Get a better class textbook.
　　　　4　Transfer to another department.

No. 9　**1**　It is sponsored by a public university.
　　　　2　It is only open to invited individuals.
　　　　3　It is going to be broadcast live through a blog.
　　　　4　It is available to his students.

No. 10　**1**　Posting on a Web site.
　　　　2　Downloading an app.
　　　　3　Solving a technical issue.
　　　　4　Opening up a customer account.

No. 1 ⊙ Tr.3 .... 正解：**2**

> 放送文

★：Junko, you've done quite well in class. Have you considered joining the Student Statistics Club?

☆：I hadn't really thought about that. Do they accept non-American students like me?

★：Absolutely. In fact, I would guess about half the members are international students.

☆：I guess it would be a way to share a lot of ideas with classmates. It could be helpful to my future career.

★：It certainly would. It would also give you a chance to make new friends.

☆：You make a lot of sense, professor. I'll go to the next meeting to find out about joining.

Question: What is true about the Student Statistics Club?

> 放送文の訳

★：ジュンコ，君はクラスでの成績がとてもいいね。学生統計学クラブに入ることを考えたことはありますか。

☆：あまり考えたことはありませんでした。私のようなアメリカ人でない学生も受け入れてくれるのでしょうか。

★：当然です。実際，メンバーのおよそ半分は留学生だと思いますよ。

☆：クラスメートと多くの考えを共有する方法になるだろうと思います。私の将来のキャリアにとって役に立つこともあるでしょう。

★：確かにそうです。また，新しい友達を作るチャンスにもなりますよ。

☆：教授，おっしゃることはとても理にかなっています。次の会合に行って入部について調べてみます。

質問：学生統計学クラブについて正しいものはどれですか。

> 問題の訳

1 しばしば海外を旅する。
2 多様なメンバーを含んでいる。
3 教員の考えに基づいている。
4 学生がアメリカ横断の旅をすることの助けになる。

> 解説

アメリカ人でないことを心配しているジュンコに対して，教授は ... half the members are international students と言っていますから，正解は **2** です。**1** は「海外を旅する」とありますが，述べられていません。instructors についても触れられていないので **3** も不正解です。**4** にある「アメリカ横断」も対話の中に出てこないので不正解です。

Vocabulary □ statistics 图 統計（学） □ absolutely 副 絶対に，全くその通り □ career 图 キャリア，職業 □ make sense 道理にかなう □ diverse 形 多様な

No. 2　Tr.4　　正解：3

放送文

★：That quiz was really hard. I hope I at least passed it. I know that I didn't get a good grade on it.
☆：Oh, no! What happened?
★：I didn't expect a quiz so soon; class has only been going on for a week.
☆：You're right, but Professor Parker said on the first day that she would give us surprise quizzes.
★：Yeah, I know. I guess I'll have to study every night so that I'm prepared next time.
☆：That's what I'm doing. You should join me in the library to do the same. I'm sure you'd be ready for anything the professor gives us after that.
Question: Why does the woman recommend the man join her?

放送文の訳

★：あの小テストは本当に難しかった。最低でも，合格しているといいのだけど。いい成績が取れなかったのはわかっているんだ。
☆：ええ，やだ！　何があったの？
★：こんなに早く小テストがあるなんて予想しなかったんだ。クラスが始まってからまだ1週間だよ。
☆：そうね，でもパーカー教授は抜き打ちテストをするって最初の日に言っていたわ。
★：うん，わかっているよ。次回は準備できているように毎晩勉強しなくてはいけないね。
☆：私は今そうしているの。あなたも図書館で私と一緒にやったらいいのよ。その後なら，教授が出題するどんなものに対してもきっと準備ができていると思うわ。
質問：なぜ女性は男性に自分のすることに加わるよう勧めているのですか。

問題の訳
1 彼女は前の試験の再試を受けたいから。
2 彼女は勉強時間を短くしたいから。
3 彼女は男性が学習する手助けをしたいから。
4 彼女は別のクラスに替えたいから。

解説　女性は最後の発言で，I'm sure you'd be ready for anything the professor gives us after that. と述べていて，男性が小テストへの準備を万全にする方法を提案していることがわかります。したがって，**3** が正解です。**1** の「再試を受ける」，**2** の「勉強時間」，**4** の「クラス変更」は，いずれも対話の中で触れられていないので不正解です。

Vocabulary　□ quiz 图 小テスト　□ grade 图 成績　□ retake 動 （試験など）を再び受ける
□ switch to 〜 〜に替える

No. 3　Tr.5　　　　　　　　　　　　　　　　　　　　　　　　正解：3

> 放送文

★：Thank you for agreeing to meet me, Ms. Nakayama. I know that you must have such a busy schedule.
☆：I'm always happy to meet students. Now... you mentioned in your e-mail that your class wants to take a look at what we do here.
★：That's right. We're all studying engineering, but we'd love to get an opportunity to see the manufacturing process up close.
☆：I see. Well, I could have a guide take you through parts of the facility and perhaps have a couple of our technicians there speak with you.
★：That'd be fantastic. I'm sure the class would be very excited about that.
☆：OK, I'll e-mail you some dates and times that would be open for us to make this happen.
★：Great! We're very flexible, so we can come whenever it's convenient for your firm.
Question: What does the woman want to do?

> 放送文の訳

★：お会いすることを承知していただきありがとうございます，ナカヤマさん。スケジュールがとてもお忙しいことは存じ上げています。
☆：学生さんに会うのはいつでも嬉しいものですよ。さて，あなたのクラスは私たちがここでやっていることを見てみたいとEメールにありましたが。
★：そうなのです。私たちは皆，工学を学んでいるのですが，製造過程を間近に見る機会があればと思っています。
☆：わかりました。そうですね，ガイドに施設のいくつかの箇所を説明させて，よければそこの技術者の何人かとも話をできるようにしましょうか。
★：それは素晴らしい。きっとクラスはとても興奮すると思います。
☆：了解です。これが実現できるように私たちが空いている日と時間をEメールでお知らせしましょう。
★：すごい！　私たちは十分融通が利きますので，いつでも御社のご都合のいいときにお伺いできます。
質問：女性は何をしたいと思っていますか。

問題の訳　1 仕事の面接を受ける。　　　　2 クラスを案内する。
　　　　　　　3 見学の手配をする。　　　　　4 協議事項を書き上げる。

解説　2度目の女性の発言の I could ... 以下から，女性は学生たちの見学を調整するとわかります。正解は 3 です。1 の「面接」は言及がありません。2 の「クラスを案内する」のは，おそらくこの対話の男子学生でしょうから，不正解。4 の agenda も対話では触れられていません。

Vocabulary　□ engineering 图 工学　□ manufacturing 图 製造　□ up close 副 間近で
　　　　　　　□ take ~ through ... ~に…を説明する　□ facility 图 施設
　　　　　　　□ write up ~ ~を完全な形に書く　□ agenda 图 協議事項，（業務の）予定表

No. 4　Tr.6　　正解：2

放送文

☆：Professor Richardson, do you have a few minutes to speak with me?
★：Of course. What do you need, Haruna?
☆：I'm trying to choose a topic for our midterm essay. I wonder if you had any recommendations for me.
★：Didn't you like any of the ones on the topic list that I gave to the class?
☆：I liked the "Great Russian Writers" option, but I'm not sure which of those writers I should choose. I can't write about all of them.
★：You'll need to choose no more than three or four, and compare and contrast them. Alternately, you could just do an in-depth report on one of them. It's better to choose writers that you're already familiar with.
☆：In that case, I might choose Dostoevsky. I've read a lot of his novels and short stories.

Question: What are the student and professor discussing?

放送文の訳

☆：リチャードソン教授，2，3分お話よろしいですか。
★：もちろん。どんな用ですか，ハルナ。
☆：中間レポートのトピックを選ぼうとしているのです。何かお薦めのものがあるかと思いまして。
★：私がクラスに紹介したトピックリストにあるものは1つも気に入らなかったのですか。
☆：「偉大なロシアの作家たち」という選択肢が気に入ったのですが，どの作家を選んだらよいのかがよくわからないのです。全員については書けませんから。
★：せいぜい3人か4人を選んで，比較，対照すればよいのです。あるいは，そのうちの1人だけについて綿密なレポートを書いても構いません。すでによく知っている作家を選んだ方がよいでしょう。
☆：そうだとすると，ドストエフスキーを選ぼうかと思います。彼の小説や短編はたくさん読んだことがありますから。

質問：学生と教授は何について話していますか。

問題の訳　1 どのクラスに登録するか。　　2 どの主題について書くか。
　　　　　　3 どの歴史上の時代を研究するか。　4 どの本を読むか。

解説　女性の2度目の発言で，I'm trying to choose a topic for our midterm essay. と述べられていて，レポートのトピックを何にするかが対話の中心になっています。正解は **2** です。**1** の「クラス登録」，**3** の「歴史上の時代」はどちらも対話の中での言及はありませんから，不正解です。**4** は，今までに読んだ本についての言及はありますが，これから読む本については言っていないので不正解です。

Vocabulary　□ midterm 形 (学期の)中間の　□ recommendation 名 推薦
　　　　　　　□ alternately 副 あるいは (= alternatively)　□ in-depth 形 詳細な

No. 5　Tr.7　　　正解：2

> 放送文

★：Emily, how many classes are you going to take next semester?
☆：Four, besides one online class.
★：I didn't know the university offered those. Do you think that they're as good as offline courses?
☆：Sandra took one last semester and she said it was really informative. They're also a little cheaper than offline classes.
★：It must also be convenient to take classes online, but it seems that you'd need a lot of self-discipline.
☆：I think it's just like any other class. I just have to log onto my computer instead of going to a classroom — and of course to keep up with my homework.
Question: What does the man think about the woman's plan?

> 放送文の訳

★：エミリー，次の学期はクラスをいくつ取るつもり？
☆：4つ，それと別にオンラインのクラスを1つね。
★：そういうのを大学が提供していることは知らなかったな。オフラインの講座と同じくらいいいと思う？
☆：サンドラが前学期に1つ取ったんだけど，すごく情報に富んでいたって言っていたわ。それに，オフラインのクラスより少し安いの。
★：オンラインで授業を受けるのは便利でもあるに違いないよね。でも，とても自制心が必要だろうな。
☆：他のどんなクラスも同じだと思うわ。教室に行く代わりに自分のコンピューターにログオンしなければいけないだけ。それに当然だけど，宿題を遅れずにやり続けなくてはならないだけよ。
質問：女性の計画について男性はどう思っていますか。

> 問題の訳

1 あまり便利ではない。
2 とても自制心が必要である。
3 先進的なコンピューターが必要である。
4 実行するには費用がかかりすぎる。

> 解説

女性が予定している来学期のオンラインクラスについて，男性の最後の発言で … but it seems that you'd need a lot of self-discipline. と述べられています。したがって **2** が正解です。男性はオンラインクラス自体については便利に違いないと言っているので **1** は不適。**3** の advanced computer については言及がなく不適。女性の2度目の発言で a little cheaper than offline classes と述べられているので **4** も不適。

Vocabulary　□ semester 图 学期　□ informative 形 情報を提供する，有益な
□ self-discipline 图 自制，自己訓練

No. 6　Tr.8　　　正解：2

> 放送文

★：Hi, Megan. How's your project coming?
☆：Not as well as I'd hoped, Hideki. Professor Klein wants us to paint in a style that I'm not very comfortable with.
★：Aren't you supposed to master a lot of different techniques in that class?
☆：Yes, but I guess I'm not doing such a good job. I don't think my work is as good as some of the other students' in the class.
★：In that case, why don't you discuss this problem with the professor? Otherwise, you might fall further behind.
☆：You know, I think that's just what I'll do.
Question: Why does the woman think the class is difficult?

> 放送文の訳

★：こんにちは，メガン。プロジェクトはどんな具合？
☆：期待していたほどにはうまくいっていないのよ，ヒデキ。クライン教授は私があまり慣れていないスタイルで絵を描かせたがるの。
★：そのクラスでは違った技法をたくさんマスターすることになっているんじゃないの？
☆：そうよ。でも，私はあまりうまく描けていないと思うわ。私の作品はクラスの他の何人かの学生の作品ほどよくないと思うの。
★：だとしたら，教授とこの問題について話し合ってみたら？　そうじゃないと，もっと後れを取ってしまうかもしれないよ。
☆：そうね，そうすることにするわ。
質問：女性は，なぜクラスが難しいと思っているのですか。

> 問題の訳

1 教授と話すと落ち着かないから。
2 クラスで教えられているスタイルで描くことに自信がないから。
3 そんなに多くのプロジェクトを扱うのに慣れていないから。
4 もっと多くの技法を使って絵を描きたいから。

> 解説

男性がプロジェクトの進み具合について尋ねているのに対して，女性は Professor Klein wants us to paint in a style that I'm not very comfortable with. と答えています。教授の教える絵のスタイルがしっくりこないことが悩みのようなので，正解は **2**。プロジェクトがもっと遅れてしまわないように教授に相談することにしていることが対話の後半でわかります。教授と話しにくいとは述べられていませんから **1** は不適。**3** の「多くのプロジェクト」は言及なしで不適。「多くの異なった技法をマスターすることになっている」という内容はありますが，それが女性の望みだとは言っていないので **4** も不適です。

Vocabulary　□ fall behind 後れを取る

No. 7　Tr.9　正解：1

放送文

☆：Hello, Campus Security? My name is Mayumi Shibata, and I'm a student here. I lost my mobile phone somewhere on the school grounds. Has one been turned in there?

★：Actually, we usually have three or four mobile phones here. You might want to come down here to see if one of them is yours.

☆：Mine is white with a pink trim. Do you have one like that there?

★：I can't leave my desk to check. You'll have to come over here to speak with one of the staff.

☆：Your office is on the north side of the campus, right?

★：Yes, and we're open 24 hours a day.

Question: Why does the man recommend the woman come to the office?

放送文の訳

☆：もしもし，キャンパス警備部ですか。私の名前はマユミ・シバタで，ここの学生です。学校の敷地内のどこかで携帯電話をなくしてしまったんです。そちらに届けられていますか。

★：実は，ここにはいつも3，4台の携帯電話があるのです。こちらに来て，そのうちの1つがご自分のかどうか見た方がいいかもしれません。

☆：私のは白で，ピンクの縁取りなんです。そちらにそのようなものはありますか。

★：机を離れて調べに行くわけにいかないのです。スタッフと話しにこちらまで来ていただかなくてはなりません。

☆：事務所はキャンパスの北側ですよね。

★：はい，1日24時間開いています。

質問：男性はなぜ女性が事務所に来ることを勧めているのですか。

問題の訳
1 遺失物がそこにあるかを確認するため。
2 盗難物についての報告書を提出するため。
3 安全手順について学ぶため。
4 事務所に何かを届けるため。

解説　男性は最初の発言で You might want to come down here to see if one of them is yours. と，遺失物が自分のものかを確かめるために事務所に来ることを勧めています。正解は **1** です。盗難届については述べられていないので，**2** は不適です。**3** の security procedures への言及もなく，不正解。**4** も，女性が何かを届けに行くという内容は会話に含まれていないので不適です。

Vocabulary　□ turn in 〜　〜を提出する　□ trim 图 縁取り　□ file 動 （申請書など）を提出する
□ drop 〜 off　〜を届けておく

No. 8　Tr.10　　　　　　　　　　　　　　　　　　　　　　　正解：4

放送文

★：I'm thinking about changing my major to education next semester.
☆：Really? I thought you were really enjoying biology.
★：I am, but I'm not sure exactly what I'd do after graduation. If I majored in education, I could get a job as a teacher when I graduate.
☆：I get it. Teaching isn't easy, though. You'd have to be able to deal with teens or children.
★：I know, but I'm sure I could learn how. Also, there are a lot of other options in that field. For example, I might go into education administration or curriculum development.
☆：It seems like you've really thought this thing through. I'll be sad to see you leave our department, though.
★：Why? We won't have classes together, but we could still hang out.
☆：Yes, whenever we have time.
Question: What does the man want to do?

放送文の訳

★：僕は来学期，専攻を教育学に変えようと考えているんだ。
☆：本当に？　生物学を本当に楽しんでいると思っていたのに。
★：楽しんでいるよ。でも，卒業後に自分が一体何をするのかがよくわからないんだ。もし教育学を専攻していたら，卒業して教員の仕事に就けるのにさ。
☆：そういうことね。でも，教えることは簡単じゃないわ。10代の若者や，子どもたちを扱えるようにならなくてはいけないのよ。
★：わかってるよ。でもやり方はきっと学べると思う。それに，その分野にはたくさんの他の選択肢があるんだ。例えば，僕は教育行政やカリキュラム開発の職に就くかもしれない。
☆：あなたはこのことを本当に考えつくしたようね。でも，あなたが私たちの学部を離れるのを見るのは悲しいわ。
★：どうして？　一緒にクラスを受けることはなくなるけど，それでも一緒にぶらぶらすることはできると思うよ。
☆：そうね。時間があるときはいつでも。
質問：男性は何をしたいのですか。

問題の訳
1　学校を辞める。
2　教授と面談をする。
3　もっと良い教科書を手に入れる。
4　別の学部に移る。

解説　最初の発言で男性は I'm thinking about changing my major to education next semester. と言っています。正解は **4** です。女性の3度目の発言で，男性が自分たちの学部を去るのを見るのが悲しいと言っていますが，学校自体を辞めるとは述べていないので，**1** は不適。**2** の「教授との面談」には触れられていません。同じく，教科書についても触れられていないので，**3** も不適です。

Vocabulary
□ education administration 教育行政　□ curriculum development カリキュラム開発
□ think 〜 through 〜を考えぬく (= think 〜 out)　□ hang out ぶらぶらして時を過ごす
□ meet with 〜 〜と面談する，会談する　□ transfer 移る，転部する

No. 9 Tr.11　　　　　　　　　　　　　　　　　　　　　　　正解：2

放送文

☆：Professor Endo, do you have a moment?
★：What's on your mind, Shirley?
☆：I saw on the school Web site that you're going to lead a special seminar on the Japanese entertainment industry at Burns Convention Center. Is that open to students?
★：As a matter of fact, it's an invitation-only event, mainly for other academics, officials and business leaders.
☆：I see. So there's no way for me to see you there?
★：Probably not. However, a summary of the lecture is going to be posted on my blog, so please take a look if you're interested. Also, if you have any questions about the talk, just stop by my office.
Question: What does the man say about the seminar?

放送文の訳

☆：エンドウ教授，ちょっとよろしいですか。
★：どうしたのですか，シャーリー。
☆：先生がバーンズ・コンベンション・センターで日本の娯楽産業についての特別セミナーを統括されるということを学校のウェブサイトで見たのですが。それは学生にも公開されますか。
★：実のところ，招待者のみのイベントで，主に他の学者や，役人，ビジネスリーダーが対象なのですよ。
☆：なるほど。それでは，そこでお会いする方法はありませんね？
★：多分ありませんね。でも，講演の要約は私のブログに掲載される予定だから，もし興味があったら見てごらんなさい。それに，話について何か質問があれば私のオフィスに寄ってください。
質問：男性はセミナーについて何と言っていますか。

問題の訳
1 公立大学によって主催される。
2 招待された個人だけに公開される。
3 ブログを通じてライブで放送されることになっている。
4 彼の学生が利用できる。

解説　男性の2度目の発言で ... it's an invitation-only event, mainly for other academics, officials and business leaders. と述べられているので，正解は **2** です。主催者が誰かということは触れられていないので **1** は不適。ブログについては男性のブログに要約が掲載されるとだけあり，ライブ放送とは言われていないので **3** も不正解。対象は招待者のみで，主に他の学者や，役人，ビジネスリーダーですから **4** も不適です。

Vocabulary　□ on *one's* mind 気にかかって　□ summary 图 要約，まとめ
　　　　　　□ post 動 ～を掲載する，発表する

No. 10　Tr.12　　　　　　　　　　　　　　　　　　　　　正解：3

> 放送文

☆：Hello, IT department? I'm locked out of my school e-mail account... oh... my name is Jennifer Walls. Do you need my student ID number?
★：No, I already know what the problem is: we're having some system problems right now. We're trying to fix them as fast as we can.
☆：Do you know when you might finish? I'd really like to check if I received any e-mail.
★：I'm sorry, but I can't guarantee a definite time. You should use your personal e-mail account for the time being.
☆：I guess there's no other option.
★：Again, we're very sorry for the inconvenience. We're working as fast as we can. Check your account every 45 minutes or so. We'll get you into the system soon.
Question: What are the speakers discussing?

> 放送文の訳

☆：もしもし，ＩＴ部ですか？　私，学校のＥメールアカウントをロックアウトされてしまって…あ，名前はジェニファー・ウォールズです。学生番号が必要ですか。
★：いえ，すでに問題は何かわかっていますから。ただ今，システムの問題が生じているのです。できるだけ早く修復しようとしているのですが。
☆：いつごろ完了するかわかりますか。Ｅメールが届いているか，すごくチェックしたいのです。
★：申し訳ありませんが，確かな時間は保証しかねます。当面は個人のＥメールアカウントを使っていただくのがよいかと思います。
☆：他に選択肢はないみたいですね。
★：ご不便をおかけすることを再度おわび申し上げます。できる限りの速さで作業をしております。45分ぐらいごとにアカウントをチェックしてください。すぐにシステムに入れるようにいたしますので。
質問：話し手たちは何について話していますか。

> 問題の訳

1 ウェブサイトへの掲示。
2 アプリのダウンロード。
3 技術的問題の解決。
4 顧客口座の開設。

> 解説

女性がＥメールアカウントを使えなくなったことで問い合わせているのに対して，男性は ... we're having some system problems right now. We're trying to fix them as fast as we can. と答えていますから，技術的な問題があって，その修復中であることがわかり，これがこの電話での対話のトピックです。**3** が正解です。**1** の posting や **2** の downloading や **4** の口座開設は言及がなく不正解です。

Vocabulary　□ account 图 アカウント，（銀行）口座　□ for the time being 差し当たり

Part 1B 短い英文の聞き取り

問題数	10問
出題内容	大学の講義などを想定した短い英文と問いを聞き，それに対して適切な文を選びます。
解答時間	1問10秒
指示文 （音声で放送されます） ⊙ Tr.13	Part 1B. In this part, you will hear 10 short passages. Each passage will be followed by one question. For each question, you will have 10 seconds to choose the best answer and mark your answer on your answer sheet. The passages and questions will be played only once. Now, let's begin. (Part 1B このパートでは，10の短い文章を聞きます。それぞれの文章には1つの質問が続きます。それぞれの質問に対し，10秒間の解答時間の間に最も適切な答えを選び，解答用紙にマークしなさい。文章と質問は1度だけ読まれます。それでは，始めます。)

例題

(放送文) ⊙ Tr.14

A recent survey of first-year university students revealed that a large percentage of incoming freshmen had difficulty managing their budgets even before their first semester began. While most of them planned well for things like tuition and housing, many overlooked other expenses such as textbooks and lab equipment. The study also found that students usually prefer to take on a job to pay for these expenses rather than borrow money from a bank or apply for financial aid.

Question: According to the survey, how do many students prefer to handle the problem of unexpected expenses?

(問題冊子に印刷されている文)

1 By obtaining a loan or financial assistance.
2 By finding employment to cover the costs.

3 By spending less on books and lab equipment.
4 By planning better for housing and other expenses.

(TEAP 見本問題 1 より)

正解：2

問題の訳 大学1年生を対象にした最近のアンケートによって，入学する新入生の多くは，1学期さえ始まる前から経費を間に合わせるのに苦労していることが明らかになった。彼らの多くは授業料や住居費のような計画はしっかり立てているが，教科書代や実験室の設備費など他の費用を見落としている人が多い。さらに，学生はこのような費用を支払うために銀行からお金を借りたり，学資援助に申し込んだりするよりは，たいていアルバイトを始める方を好むことも判明した。
質問：アンケートによると，多くの学生は予期せぬ出費の問題に対処するにはどうすることを好みますか。

1 ローンや学資援助を得る。
2 費用を補うために仕事を探す。
3 本代や研究設備費を削る。
4 住居費や他の出費の計画をうまく立てる。

解説 放送文の最後にある students usually prefer to take on a job ... という部分から判断します。質問でも同じ prefer to *do*「～する方を好む」という表現が用いられているのでヒントになるでしょう。放送文の take on a job「仕事を引き受ける」が選択肢の find employment「職を探す［見つける］」に言い換えられていると考えます。**1** の「ローン，学資援助」，**3** の「本代，研究費」，**4** の「住居費」はいずれも放送文の中に登場しますが，質問で問われていることに該当しないので不適です。

◎ Listening Part 1B の解き方

このパートも Part 1A と同様，質問が問題冊子に印刷されておらず，放送から聞き取らなければいけません。「見直し」をすることができませんから，重要なポイントを聞き逃さないように集中しましょう。

◎ 解答の手順

▶▶ **1** テーマは何かを考えながら放送文を聞きます。印刷された選択肢を見ながら聞けるとよいでしょう。選択肢は形がそろっていることが多いので，各選択肢で共通の主語から質問文の主語を判断するなど，ある程度質問を予測できることもあります。
▶▶ **2** 放送文を聞きながら，話題を把握し，内容をつかみます。選択肢に関係しそうな表現をメモできるとよいでしょう。
▶▶ **3** 質問を聞き，メモを参考に正解を選びます。

◎ 着 眼 点

〈話題は何か〉
Part 1B でよく出題されるのは，学校での活動／プログラムの説明／講義／歴史上の人物／ある団体のエピソード／施設でのアナウンス／産業・自然科学などの分野に関するアナウンスや論述などです。Part 1A とは異なり，大学生活についての話題だけでなく，大学の講義で扱われるようなアカデミックなテーマも出題されるので，なじみのない分野だと理解しにくいかもしれません。他のパートの学習にも共通しますので，できるだけ背景知識を広げておくようにしましょう。

〈何が問われているか〉
あるトピックの説明文に関して「なぜ」，「何を」，「誰が」，「どのように」といった質問がなされますので，間違いなく聞き取りましょう。放送されるのが説明文なので「耳で理解する読解問題」と考えることができます。放送文の表現が別の言葉に言い換えられて選択肢が作られていることが多く，言い回しの種類を熟知しているかが試されます。

ワンポイントアドバイス

英文も質問も1度しか放送されないので，類似した形式のセンター試験リスニングよりも少し負担が大きく，すばやい対応が求められます。センター試験を受験する人は，その練習の際も1回の放送で正解を判断できるように訓練してみましょう。選択肢を先に読み，質問を予想しながら英文を聞く，という姿勢が身につけば大きな武器になります。

オフィスアワー

オフィスアワー（office hours）とは，大学の先生が自分のオフィス（研究室）に在席している時間のこと。いわば教員の「営業時間」と言えるでしょう。大学の教員は，講義やゼミを通して学生の指導をするほか，自身も専門分野を持って研究を進めています。また，複数の学校で教えている先生も少なくありませんから，毎日，朝から晩までいつでも研究室にいるというわけではないのです。オフィスアワーが決まっていることで，学生は質問や相談に訪れやすくなるというわけですね。

なお，教員に研究者としての立場があることをよく表しているのが，サバティカルイヤー（sabbatical year）またはサバティカルリーブ（sabbatical leave）と呼ばれる制度。これは，大学が教員に認める長期休暇のことで，先生はこの休暇の間，教えることを休んで自分の研究に専念し，論文を書いたり，海外留学をしたりするのです。

Part 1B　練習問題

Tr.15 ～ Tr.24

No. 1
1 Push to attract more women.
2 Object to activists.
3 Use less radical methods.
4 Try to secure voting rights.

No. 2
1 Competitive pricing.
2 Limitless popular support.
3 Advanced technology.
4 Superior output.

No. 3
1 A researcher has been invited in to give a talk.
2 A colleague has set up a training program.
3 A special book has been distributed to everyone.
4 A former student has been asked to give a lecture.

No. 4
1 People who are judging short stories.
2 Students who are applying to graduate school.
3 Individuals who want to enter a competition.
4 Readers who want to offer encouragement to writers.

No. 5
1 They are virtually impossible to understand.
2 They are a type of information management.
3 They contain many unfamiliar places and things.
4 They do not reflect what will happen in the future.

No. 6
1 It gives more benefits to some majors over others.
2 It results in more students choosing technological fields.
3 It gives advantages to those at elite universities.
4 It changes the size and scope of the job market.

No. 7 **1** They were already passed back.
        2 They earned many top scores.
        3 New ideas were important.
        4 Book quotes were critical.

No. 8 **1** It is younger than other shark species.
        2 It is a fairly recent discovery.
        3 It is predicted to soon become extinct.
        4 It is successful in only one type of environment.

No. 9 **1** It is more profitable than the dollar.
        2 It has many practical uses.
        3 It is only valued mainly in modern cultures.
        4 It is still considered a safe investment option.

No. 10 **1** They can be powerful in combination.
        2 They can chase off a group of lions.
        3 They can compete for breeding areas.
        4 They can be easily killed by Africans.

No. 1　Tr.15　正解：4

> 放送文

The women's rights movement is often considered to have begun at the 1848 Seneca Falls Convention. Attended by high-profile women's rights activists such as Elizabeth Cady Stanton and Lucretia Mott, this was the first American women's rights convention. The gathering formally pledged to push for women's voting rights, a central goal of the activists. The pledge was done over the objections of some attendees who thought that the move was too radical.
Question: What did the 1848 Seneca Falls Convention attendees pledge to do?

> 放送文の訳

女性の権利運動は，1848年のセネカフォールズ会議の際に始まったと考えられることが多い。エリザベス・ケイディー・スタントンやルークリーシア・モットのような世間の注目を浴びる女性の権利の活動家が出席し，これは初のアメリカの女性権利会議となった。その集まりは，活動家たちの中心的な目的である，女性の投票権を要求することを公式に誓約した。誓約は，その運動が急進的過ぎると考えた一部の出席者の反対を押し切ってなされたものだった。
質問：1848年のセネカフォールズ会議の出席者たちは何をすると誓約しましたか。

> 問題の訳
1 より多くの女性を引き寄せることを推し進める。
2 活動家たちに反対する。
3 より急進的ではない方策を用いる。
4 投票権を獲得するために努力する。

> 解説　第3文でこの会議の誓約の内容が to push for women's voting rights であると説明されています。つまり投票権獲得の努力をすることなので **4** が正解となります。**1** の「女性を引き寄せること」，**2** の「活動家に対する反対」，**3** の「運動の方策のあり方」は誓約の内容には全く関連しませんので除外します。pledge to *do* という表現の意味がすぐに判断できるかが決め手となります。

Vocabulary
□ high-profile 形 世間の注目を集める　□ activist 名 活動家
□ pledge 動 ～を誓約する，名 誓約　□ push for ～ ～を要求する　□ attendee 名 出席者
□ radical 形 急進的な

No. 2　Tr.16　　　　　　　　　　　　　　　　　　　　　正解：3

> 放送文

Solar power could be part of a solution to shift the world toward clean energy. It cleanly converts the essentially limitless light of the sun into electricity. Engineers are advancing solar technology and thereby increasing the amount of power that it can generate. One key to these efforts is developing more efficient solar panels. Despite these efforts, at present, solar energy cannot match the output and price competitiveness of fossil fuels.

Question: What improvement in solar energy does the speaker mention?

> 放送文の訳

太陽光エネルギーは世界をクリーンエネルギーへと向かわせる解決策の一端を担うことができるだろう。それは本質的に無限である太陽光を，環境に負荷なく電気に変換してくれる。技術者たちは太陽光技術を向上させており，それによって発電できる電力量を増大させている。これらの努力に対する1つのカギとなるのが，さらに効率の良いソーラーパネルを開発することである。こうした努力にもかかわらず，現時点では太陽光エネルギーは化石燃料の持つ生産量と価格の面での競争力には及ばない。

質問：話し手は太陽光エネルギーに関するどのような進歩について述べていますか。

> 問題の訳

1 競争力のある価格設定。
2 世間の無限の支援。
3 先進的な技術。
4 より高い生産量。

> 解説

第3文では現在の太陽光技術の向上のこと，第4文の developing more efficient solar panels という表現では今後望まれる具体的な進歩のことが述べられています。これは **3** の Advanced technology と合致するものです。**1** の「価格設定」，**4** の「生産量」は太陽光エネルギーの弱い面であり，進歩の内容ではありません。**2** の「世間の支援」に関しては全く述べられていませんのですぐに除外します。

Vocabulary
- shift A toward B　A を B に向かわせる　　□ convert A into B　A を B に変換する
- essentially 副 本質的に　　□ advance 動 ～を進歩させる　　□ thereby 副 それによって
- generate 動 ～を作り出す　　□ match 動 ～に匹敵する　　□ output 名 生産量
- competitiveness 名 競争力　　□ fossil fuel 化石燃料

No. 3　Tr.17　　　　　　　　　　　　　　　　　　　正解：1

放送文

Good afternoon, everyone. I have news about tomorrow's class. We're going to have a special guest, Jenna Park. She's a former colleague of mine who is now head of research at Aline Biotechnology, and author of the book *Biotech Today*. She's going to speak for a short time about her work and exciting new developments in her industry. This will give us quite a bit of insight into the application of cutting-edge concepts in this field.
Question: What is scheduled for tomorrow's class?

放送文の訳

皆さん，こんにちは。明日の授業に関してお知らせがあります。特別なお客様としてジェナ・パークさんをお迎えします。彼女は私の元同僚で，現在はエイライン・バイオテクノロジー社の研究所長であり，『バイオテク・トゥデイ』という本の著者でもあります。彼女はご自身の仕事や研究におけるわくわくするような新しい発展について短く話してくださる予定です。これは我々に，この分野における先進的な概念の応用に対するかなりの見識を与えてくれることでしょう。
質問：明日の授業では何が予定されていますか。

問題の訳
1 ある研究者が話をするために呼ばれている。
2 ある同僚が訓練プログラムを立ち上げている。
3 ある特別な本が全員に配られている。
4 ある卒業生が講演をするように求められている。

解説　明日の授業の予定は第3〜5文で明確になります。つまり，ある立場にある人(head of research)がある行為(speak for a short time about …)をするために来るということです。これを言い換えている **1** が正解です。**2** の「訓練プログラム」，**3** の「本の配布」，**4** の「卒業生の講演」については触れられていません。colleague, book, former などの表現で選択肢の一部が放送文に登場しており紛らわしいので，誘導されないように注意しましょう。

Vocabulary
□ colleague 图 同僚　□ head 图 責任者，代表者 ＊この意味ではしばしば無冠詞
□ industry 图 (学問分野での)研究　□ quite a bit of 〜 かなりの量[程度]の〜
□ insight 图 洞察力，見識

No. 4 　Tr.18　　　　　　　　　　　　　　　　　　　　　正解：3

> 放送文

I want to remind everyone that the annual university short story contest is being held through November 30. Apart from the 250 dollar prize that goes to the winner, the story will be published in the university magazine. This is a good chance for you to share your creativity with your school and the general public. I want to encourage all of you to consider participating. You can find out more by going to the school Web site.
Question: Who should visit the Web site?

> 放送文の訳

皆さんに，年に1度の大学短編小説コンテストが11月30日まで開催中であることを改めてお知らせいたします。優勝者に与えられる250ドルの賞金とは別に，作品は大学誌に掲載されます。これは大学や一般の人に自分の創造性を披露するいい機会となります。どなたもぜひ参加を検討するように呼びかけたいと思います。さらに詳しいことは大学のウェブサイトを見て確認できます。
質問：ウェブサイトを見るべきなのは誰ですか。

問題の訳
1 短編小説を審査している人たち。
2 大学院に志願している学生たち。
3 コンテストへの参加を希望する個人。
4 作家に対して激励をしたい読者たち。

解説 話し手が，大学短編小説コンテストの開催を伝えていることは，冒頭から明らかです。第4文で consider participating という表現で参加を呼びかけ，最後にウェブサイトを参照することを求めているので **3** が正解です。**1** の「審査員」，**2** の「大学院」，**4** の「読者」のことは話の中では全く触れられていません。

Vocabulary
□ remind A that ～　A に～であることを再認識させる　□ annual 形 年に1回の
□ through 前 ～までずっと　□ apart from ～　～とは別に
□ publish 動 ～を出版する，掲載する　□ general public 一般大衆

No. 5　Tr.19　　　　　　　　　　　　　　　　　　　　正解：2

> 放送文

Dreams have long been a mystery to humans. Modern neuroscientists now believe, though, that dreams are actually a way that the brain sorts and processes information seen, heard, or felt during the day. This is the reason familiar people, places, and things appear in dreams — but often in unusual ways. The brain is basically trying to comprehend what occurred — and what could occur — and storing this information for later use.
Question: What does the speaker imply about dreams?

> 放送文の訳

夢は長い間，人間にとって1つの謎となっている。しかし現代の神経科学者たちは今，夢は実際には日中に人が見たり，聞いたり，感じたりした情報を分類したり処理したりする手段であると考えている。これが，夢にはなじみのある人々や，場所，物が現れる（ただししばしば普通ではない形で）ことの理由である。脳は基本的に，起こったこと，そして起こる可能性のあることを把握しようとし，また後で使うためにこの情報を蓄積しようとしているのである。
質問：話し手は夢に関してどのようなことを暗示していますか。

> 問題の訳

1 夢は事実上，理解不能なものである。
2 夢は情報管理の一種である。
3 夢には多くのなじみのない場所や物が出てくる。
4 夢は未来に起こることを映し出さない。

> 解説

話し手の夢に対する考えは第2文の a way that ... 以下や，第4文の trying to comprehend ... 以下に示されています。つまり出来事の分析や整理，記憶の働きをしているということですから 2 が正解です。1 の「理解不能」，3 の「なじみのない場所や物が出てくる」，4 の「未来を映し出さない」という夢についての描写は放送文には含まれていないので除外します。sorts and processes information, comprehend what occurred などの表現をしっかり聞き取って理解できるかが決め手です。

Vocabulary　□ neuroscientist 名 神経科学者　□ sort 動 〜を分類する　□ process 動 〜を処理する
　　　　　　　□ comprehend 動 〜を把握する　□ for later use 後で使うために

No. 6 Tr.20　　正解：1

> 放送文

The emergence of a global and digital economy has had direct consequences for university students. Research shows that students who major in math or technology-based fields have a distinct advantage when they ultimately enter the job market. By contrast, graduates from liberal arts departments have bigger challenges. On average, after graduation, their compensation is lower and unemployment rates higher. This, in turn, has created some concern among students outside tech-related majors.

Question: According to research, what is an effect of the global economy on students?

> 放送文の訳

グローバルでありデジタルな経済の出現は，大学生に直接的な影響を及ぼしてきている。調査によれば，数学や科学技術に基づく分野を専攻している学生たちは求人市場に最終的に入り込むときに明らかな優位性を持っていると示されている。対照的に，教養科目の学科の卒業生たちはより大きな課題をかかえている。平均すると，卒業後彼らの報酬はより低く，失業率はより高いものになる。このことは，結果として，科学技術関連の専攻ではない学生たちの間でいくらかの不安を生み出しているのである。

質問：調査によると，グローバル経済が学生たちに及ぼしている影響は何ですか。

> 問題の訳

1 ある専攻科目に対して，他の専攻科目よりも多くの恩恵を与える。
2 より多くの学生が科学技術関連の分野を選ぶという結果になる。
3 エリート大学にいる学生に優位性を与える。
4 求人市場の規模や範囲を変えてしまう。

> 解説

調査によって示されていることは第2文の Research shows ... 以下で明らかです。数学や科学技術関連を専攻する学生が他よりも求人市場において優位性を持っていると述べられているので **1** が正解です。**2** は可能性のあることかもしれませんが文中では述べられておらず，質問の「調査によると」という部分と合いません。**3** の「エリート大学」，**4** の「求人市場の規模や範囲」に関しては全く触れられていません。

Vocabulary
□ emergence 图 出現　□ consequence 图 結果，重要性　□ major in 〜 〜を専攻する
□ technology-based 形 科学技術に基づく　□ distinct 形 明確な　□ job market 求人市場
□ by contrast 対照的に　□ liberal arts 教養科目，一般教養　□ challenge 图 難題，困難
□ on average 平均して　□ compensation 图 報酬　□ unemployment 图 失業
□ in turn その結果

No. 7　Tr.21　　正解：3

放送文

I'm going to pass back your papers in a moment. I suppose that some of you might be disappointed. Within the grade distribution, there were only one or two that achieved top scores. To get these kinds of scores, you need to add at least one or two original ideas. Don't just repeat what you read in the book or heard in my lectures. I explained this at the start of the course, so please keep it in mind.
Question: What does the speaker imply about the papers?

放送文の訳

これからすぐに，皆さんにレポートをお返しします。皆さんの中にはがっかりする人もいることでしょう。成績分布の範囲内で，最高得点を取った人はわずか1人か2人しかいませんでした。この種の得点を獲得するためには，少なくとも1つか2つの独創的な考えを足す必要があります。本で読んだり私の講義で聞いたことをただ繰り返すだけでは駄目なのです。このことは講座の冒頭に説明しましたから，どうか覚えておいてください。
質問：話し手はレポートに関してどのようなことを暗示していますか。

問題の訳
1 レポートはすでに返却された。
2 レポートは最高得点を多く獲得した。
3 新しい考えが重要だった。
4 本の引用が不可欠だった。

解説　高得点を取るレポートに必要な条件を述べているのは第4文で，you need to add at least one or two original ideas の部分です。つまり **3** の「新しい考え」がそれに該当します。**1** は第1文から判断してすぐ除外します。**2** は正反対の内容であり，**4** の「本の引用」については，第5文で「本で読んだことをただ繰り返す」のは控えるように言われているので該当しません。

Vocabulary　□ disappoint 動 ～をがっかりさせる　□ grade distribution 成績の分布
□ keep ～ in mind ～を覚えておく

No. 8　Tr.22　　　　　　　　　　　　　　　　　　　　　正解：2

放送文

Sharks are among the oldest creatures on earth, with some species, such as the newly discovered frilled shark, dating back more than 150 million years. Sharks existed long before humans, and have been able to outlast many other creatures that have gone extinct. This proves that nature has designed them to be highly successful predators that can adapt to even dramatic changes in their environments.
Question: What does the speaker imply about the frilled shark?

放送文の訳

サメは地球上で最も古い生物に含まれ，新たに発見されたラブカのようないくつかの種は1億5千万年以上前までさかのぼる。サメは人間よりずっと以前に存在していて，絶滅してしまった多くの他の生物よりも長く生き残ることができている。このことは，自然が彼らを環境の劇的な変化にも適応できる，非常によくできた捕食動物になるように設計したということを証明するものだ。
質問：話し手はラブカに関してどのようなことを暗示していますか。

問題の訳　1 他のサメの種よりも時代が新しい。
　　　　　　2 かなり最近発見されたものである。
　　　　　　3 もうすぐ絶滅すると予見されている。
　　　　　　4 ある一種の環境でのみ繁栄する。

解説　第1文の後半で frilled shark（ラブカ（フリル状のエラを持つサメの種類））に関して newly discovered と表現していることを覚えていなければなりません。そこから，**2** が正解とわかります。**1** に関しては全く述べられておらず，**3** と **4** にはそれぞれ extinct, environment という文中に出てきた表現が入っていますが，内容に反するものです。

Vocabulary　□ species 名 (生物の)種　□ exist 動 存在する　□ outlast 動 〜よりも長く残る
　　　　　　　□ extinct 形 絶滅している　＊ go [become] extinct で「絶滅する」　□ predator 名 捕食動物
　　　　　　　□ adapt to 〜 〜に適応する　□ dramatic 形 劇的な

No. 9　Tr.23　　　　　　　　　　　　　　　　　　　　　正解：4

放送文

Apart from jewelry, gold has little practical use. Even so, it has served as a form of money for thousands of years across many cultures. Gold has been valued in so many civilizations because of its scarcity, purity, and portability. Indeed, until 1971, the United States dollar was technically convertible to gold. Even now, during a financial panic, many investors turn to that precious metal. They regard it as a form of financial stability that nothing else can match.
Question: What does the speaker imply about gold?

放送文の訳

ジュエリーを別にすれば，金に実際的な用途はほとんどない。そうであっても，金は多くの文化圏において何千年にもわたり通貨の1形態として機能してきた。金はその希少性，純粋性，そして携帯性によってそれほど多くの文明で評価されてきた。実際，1971年まで，アメリカ合衆国のドルは法的に金と交換可能だったのである。今でも，財政危機の間，多くの投資家がその貴金属に頼る。彼らは金を，他のどのようなものもかなわない財政的な安定性を持った1形態であると見なしているのだ。
質問：話し手は金に関してどのようなことを暗示していますか。

問題の訳
1 ドルよりも利益になる。
2 多くの実際的な用途がある。
3 主に現代文化において評価されているだけである。
4 今でも安全な投資の選択肢と考えられている。

解説　第5文 Even now, ... 以下にこの質問の答えに当たる内容が示されています。投資家が頼る対象となると述べているので，4が適切な答えです。1のドルとの比較の内容は述べられておらず，2は冒頭の内容に反し，3も実際の評価のされ方に反する表現で，不適です。放送文中の investor「投資家」と選択肢 investment「投資」など，同じ派生元（ここでは invest）を持つ派生語への言い換えに注意しましょう。

Vocabulary
□ serve as ～　～として役に立つ　□ civilization 图 文明(国)　□ scarcity 图 希少性
□ purity 图 純粋性　□ portability 图 持ち運べる利便性　□ technically 法的に，技術的に
□ convertible 形 変えられる　□ investor 图 投資家　□ stability 图 安定(性)

No. 10　Tr.24　　　　正解：1

放送文

Lions and hyenas are direct competitors for food in Africa, and so will not hesitate to try to steal one another's kills if they can. Being much bigger, a single lion is able to easily chase off one or two hyenas. This results in lions — contrary to popular belief — stealing many more kills than hyenas. This is not true, however, when lions face large hyena groups; these groups can sometimes force a single lion to abandon a kill.

Question: What does the speaker imply about hyenas?

放送文の訳

アフリカではライオンとハイエナは食べ物を求める上で直接的な競争関係にあり，そのため可能な時にはお互いの仕留めた獲物をためらわずに横取りしようとする。体がずっと大きいので，1頭のライオンは1，2匹のハイエナを簡単に追い払うことができる。その結果，一般的に信じられているのとは逆に，ライオンの方がハイエナよりもずっと多くの獲物を横取りするということになる。しかしこれは，ライオンがハイエナの大集団に相対したときにはあてはまらない。つまり，これらの集団は時には1頭のライオンに獲物をあきらめるように強いることもできるのである。

質問：話し手はハイエナに関してどのようなことを暗示していますか。

問題の訳
1 連携して力を発揮することがある。
2 ライオンの集団を追い払うことができる。
3 繁殖の場を求めて争うことがある。
4 アフリカ人によって簡単に殺されることがある。

解説　集団になるとハイエナがライオンにとって脅威になるということが最後の1文から明らかです。したがって，**1** が正解です。ライオンの集団に関しては述べられていないので **2** は不適切。**3** の「繁殖の場」，**4** の「アフリカ人」との関係も全く述べられていないので除外します。「ライオンを追い払う」という表現につられて **2** を選ばないように気をつけましょう。

Vocabulary　□ competitor 图 競争相手　□ hesitate to *do* 〜するのをためらう　□ kill 图 仕留めた獲物
□ result in 〜 〜という結果になる　□ contrary to 〜 〜に反して
□ force A to *do* Aに〜することを強いる　□ abandon 動 〜を捨てる

Part 1C　短い英文の聞き取り（図表も含む）

問題数	5問
出題内容	大学の講義などを想定した短い英文を聞き，その内容に適した図表を選びます。
解答時間	1問10秒
指示文 （音声で放送されます） 🎧 Tr.25	Part 1C. In this part, you will hear 5 short passages. Each passage will be followed by one question. For each question, you will see four graphs or charts in your test booklet. You will have 10 seconds to choose the best graph or chart to answer the question. Mark your answer on your answer sheet. The passages and questions will be played only once. Now, let's begin. （Part 1C　このパートでは，5つの短い文章を聞きます。それぞれの文章には1つの質問が続きます。それぞれの質問に対し，4つのグラフまたは図表が問題冊子に掲載されています。10秒間の解答時間の間に，質問の答えとなるのに最も適切なグラフまたは図表を選びなさい。解答は解答用紙にマークしなさい。文章と質問は1度だけ読まれます。それでは，始めます。）

例題

放送文　🎧 Tr.26

With the opening of the new international student center, Westmont College has shown itself to be committed to internationalization. In fact, we have been actively recruiting and enrolling more international students every year. In 1990, we had 45 international students on our campus, which was only three percent of the student population. As of 2010, that number had grown to 250 international students, which was over fifteen percent of the total student body.

Question: Which graph best matches the description given?

問題冊子に印刷されている図表

1
Number of international students
% of student population

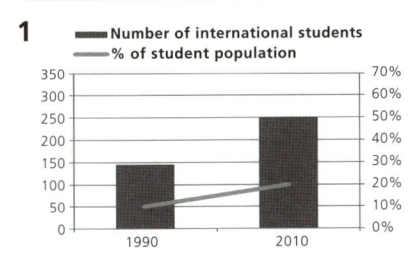

2
Number of international students
% of student population

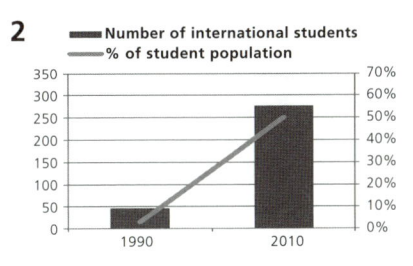

3
Number of international students
% of student population

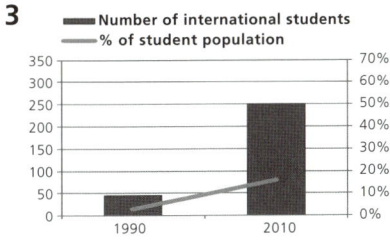

4
Number of international students
% of student population

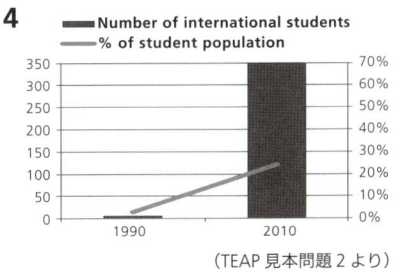

（TEAP 見本問題 2 より）

正解：3

問題の訳　新しい国際学生センターの開設で，ウェストモント大学は国際化に力を入れていることを示しました。実際に，われわれは積極的に年々多くの外国人学生を募集し，迎えてきました。1990 年には本校の外国人学生は 45 人であり，これは全学生数のわずか 3％でした。2010 年時点ではその数は 250 人に増加し，全学生数の 15％を超えています。
質問：どのグラフがこの説明に最も対応していますか。

1
外国人学生数
学生人口割合

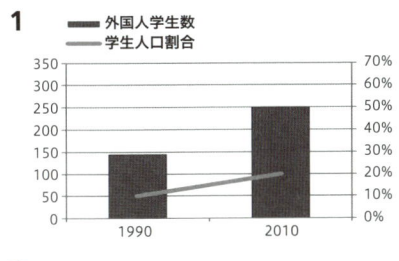

2
外国人学生数
学生人口割合

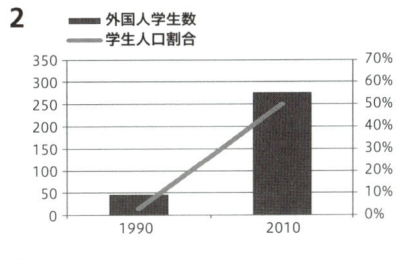

3
外国人学生数
学生人口割合

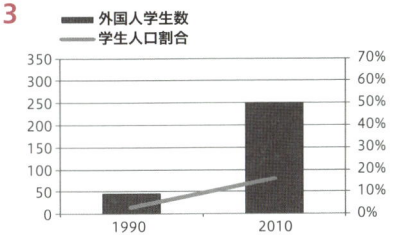

4
外国人学生数
学生人口割合

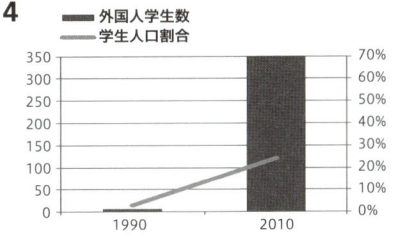

> **解　説**　1990年と2010年の棒グラフが外国人学生数を，その2つの年にわたる線グラフが外国人学生の全学生の中での割合の変化を示しています。グラフの左側の縦軸が数，右側の縦軸が割合を示していることにも注意しておきます。まず学生人口について，1990年に45人の外国人留学生という説明がありますので，**2**と**3**の選択肢が残ります。そのうち，2010年に250人に増加したという情報に合致する**3**のグラフが正解です。さらに，学生人口の割合についても「1990年に3％」「2010年に15％を超えた」という説明があるので，**3**のグラフと合致していることがわかります。

◎ Listening Part 1C の解き方

このパートでは，様々なテーマに関する説明文が読み上げられ，それに合致するグラフを選びます。選択肢には4つの同じ種類のグラフが並んでいますから，グラフが示している要素や数値などの情報を正確に把握し，どこが違っているかを理解できなければいけません。

◎ 解答の手順

▶▶ 1 4つのグラフを見て，タイトルやデータの種目，数値やその推移などの情報を確認します。
▶▶ 2 放送文を聞きます。特に数字情報（年，数量，割合など）やその変化に注意して聞きましょう。
▶▶ 3 読まれる英文の内容と照らし合わせながら，合致するグラフを絞り込みます。

◎ 着眼点

〈グラフの理解〉
グラフの種類は棒グラフ，線グラフ，円グラフなど様々で，フローチャートやタイムテーブル（予定表）などの図が出題されることもあります。数値の違いによって正解を選ぶ問題が多いので，次の2点が特に気をつけたいポイントです。
1) 縦軸・横軸の表す要素と，その単位
2) それぞれの棒や線などが表している要素と，その数値

〈放送文の聞き取り〉
グラフの情報からテーマを予想しながら，放送文を聞きます。何について話しているかがわかったら，特に数字に気をつけて聞いていきましょう。具体的には，時間を表す言葉（年，月など），数量，割合（パーセントや，half, quarter などの単語）などに注意を向けます。また，グラフになっている棒や線が何を示しているのかを理解することも必要です。放送文は1度しか読まれないので，適宜メモを取って照合できるようにしましょう。

ワンポイントアドバイス

英語は日本語と桁の区切り方が違いますから，読み上げる数値を正確に聞き取るのには慣れが必要です。普段から英語のニュースなどを聞いたり，英語を使って身近な数字を自分で言ってみたりする練習をしておきましょう。

Part 1C　　　練習問題

Tr.27 〜 Tr.31

No. 1

1 Traveler Complaints, Metro Airport

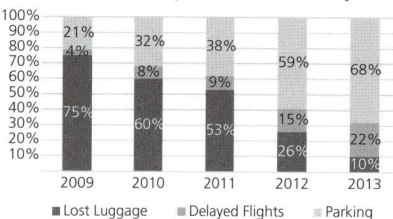

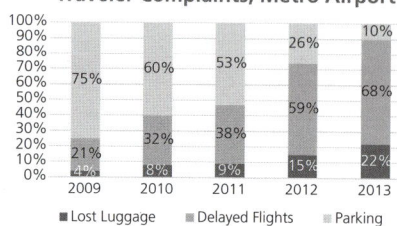

	2009	2010	2011	2012	2013
Lost Luggage	75%	60%	53%	26%	10%
Delayed Flights	4%	8%	9%	15%	22%
Parking	21%	32%	38%	59%	68%

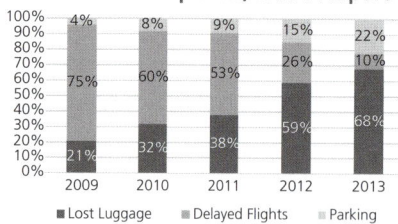

2 Traveler Complaints, Metro Airport

	2009	2010	2011	2012	2013
Lost Luggage	21%	32%	38%	15%	22%
Delayed Flights	4%	8%	9%	26%	10%
Parking	75%	60%	53%	59%	68%

3 Traveler Complaints, Metro Airport

	2009	2010	2011	2012	2013
Lost Luggage	21%	32%	38%	59%	68%
Delayed Flights	75%	60%	53%	26%	10%
Parking	4%	8%	9%	15%	22%

4 Traveler Complaints, Metro Airport

	2009	2010	2011	2012	2013
Lost Luggage	75%	60%	53%	26%	68%
Delayed Flights	4%	8%	9%	59%	10%
Parking	21%	32%	38%	15%	22%

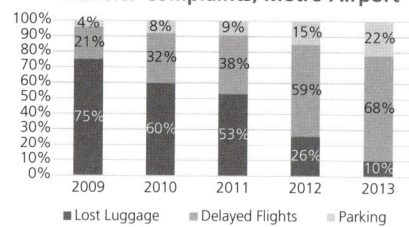

No. 2

1

Jaguar
- Solitary
- American
- Various Colors

Big Cats
Endangered
Predators

Lion
- Social
- African
- Standard Color

2

Jaguar
- Solitary
- American
- Various Colors

Big Cats
Social
Predators

Lion
- Endangered
- African
- Standard Color

3

Jaguar
- Solitary
- American
- Various Colors

Social
Endangered
Predators

Lion
- Big Cat
- African
- Standard Color

4

Jaguar
- Solitary
- American
- Standard Color

Big Cats
Endangered
Predators

Lion
- Social
- African
- Various Colors

No. 3

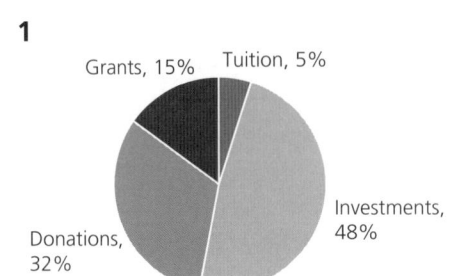

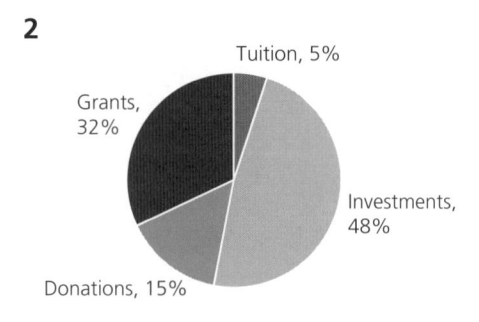

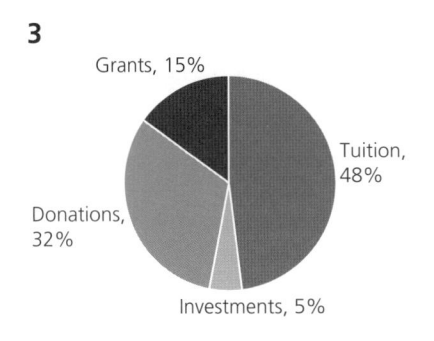

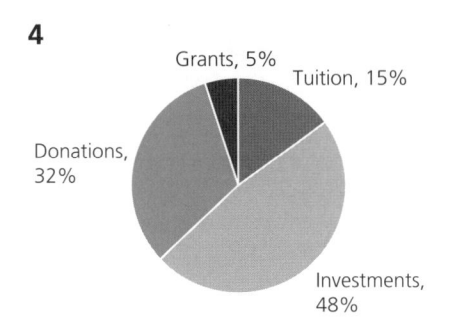

1
- Grants, 15%
- Tuition, 5%
- Investments, 48%
- Donations, 32%

2
- Tuition, 5%
- Grants, 32%
- Investments, 48%
- Donations, 15%

3
- Grants, 15%
- Tuition, 48%
- Donations, 32%
- Investments, 5%

4
- Grants, 5%
- Tuition, 15%
- Donations, 32%
- Investments, 48%

No. 4

1

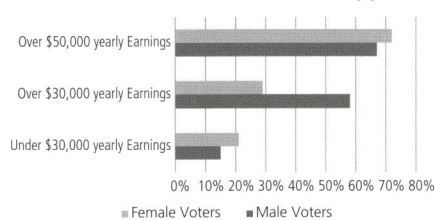

Senator Perkins Voter Support

Over $50,000 yearly Earnings	~70% female, ~65% male
Over $30,000 yearly Earnings	~25% female, ~55% male
Under $30,000 yearly Earnings	~20% female, ~10% male

■ Female Voters   ■ Male Voters

2

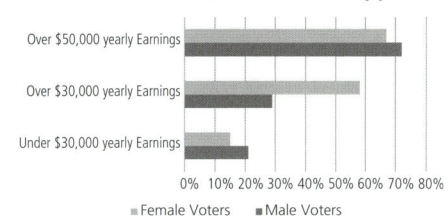

Senator Perkins Voter Support

Over $50,000 yearly Earnings	~65% female, ~70% male
Over $30,000 yearly Earnings	~60% female, ~25% male
Under $30,000 yearly Earnings	~20% female, ~10% male

■ Female Voters   ■ Male Voters

3

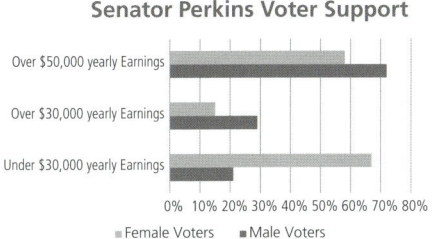

Senator Perkins Voter Support

Over $50,000 yearly Earnings	~55% female, ~70% male
Over $30,000 yearly Earnings	~20% female, ~25% male
Under $30,000 yearly Earnings	~65% female, ~20% male

■ Female Voters   ■ Male Voters

4

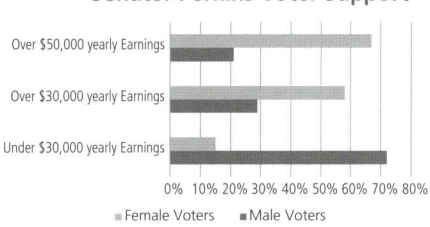

Senator Perkins Voter Support

Over $50,000 yearly Earnings	~65% female, ~20% male
Over $30,000 yearly Earnings	~55% female, ~25% male
Under $30,000 yearly Earnings	~15% female, ~70% male

■ Female Voters   ■ Male Voters

No. 5

1

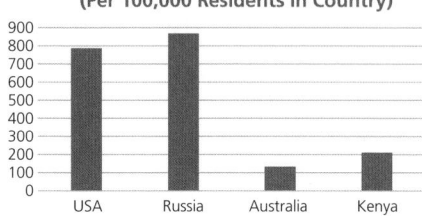

Prison Population
(Per 100,000 Residents in Country)

	USA	Russia	Australia	Kenya
	~790	~850	~130	~210

2

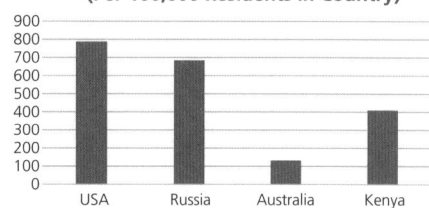

Prison Population
(Per 100,000 Residents in Country)

	USA	Russia	Australia	Kenya
	~790	~680	~130	~400

3

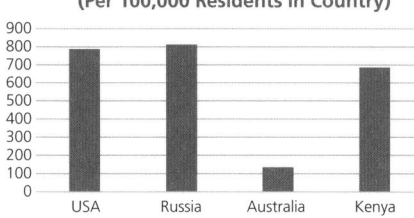

Prison Population
(Per 100,000 Residents in Country)

	USA	Russia	Australia	Kenya
	~780	~810	~130	~680

4

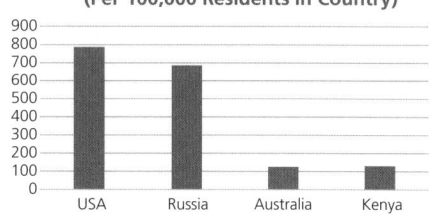

Prison Population
(Per 100,000 Residents in Country)

	USA	Russia	Australia	Kenya
	~780	~680	~130	~130

数の表現

Part 1C はグラフの読み取りが問われるので，英語で数がどう表現されるかを知っておくことが重要です。次のような基本をおさえておきましょう。

●割合
  thirty percent of 〜　〜の 30%
  half of 〜　〜の半分
  quarter of 〜　〜の 1/4
  two-thirds　2/3
  per 〜　〜あたり
●増減
  five times as much as 〜　〜の 5 倍
●概数
  approximately 〜　およそ〜
  nearly 〜　〜近く，〜弱
  more than 〜　〜より多い
  〜 or more　〜以上

No. 1 Tr.27　　　　　　　　　　　　　　　　　　　　　　　　正解：4

1
メトロ空港，旅客の苦情

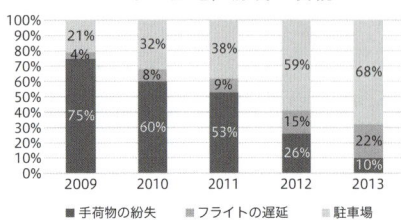

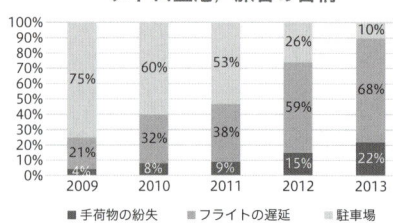

	2009	2010	2011	2012	2013
手荷物の紛失	75%	60%	53%	26%	10%
フライトの遅延	4%	8%	9%	15%	22%
駐車場	21%	32%	38%	59%	68%

2
メトロ空港，旅客の苦情

	2009	2010	2011	2012	2013
手荷物の紛失	4%	8%	9%	15%	22%
フライトの遅延	21%	32%	38%	59%	68%
駐車場	75%	60%	53%	26%	10%

3
メトロ空港，旅客の苦情

	2009	2010	2011	2012	2013
手荷物の紛失	21%	32%	38%	59%	68%
フライトの遅延	75%	60%	53%	26%	10%
駐車場	4%	8%	9%	15%	22%

4
メトロ空港，旅客の苦情

	2009	2010	2011	2012	2013
手荷物の紛失	75%	60%	53%	26%	10%
フライトの遅延	21%	32%	38%	59%	68%
駐車場	4%	8%	9%	15%	22%

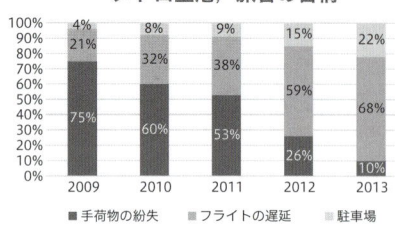

> 放送文

The nature of Metro Airport traveler complaints has changed over the years. In 2009, lost luggage was ranked first among all complaints, comprising three quarters of the total. No other category of complaints came close. After an automated luggage system was installed in 2010, the situation began changing substantially. By 2013, lost luggage was only a tenth of total complaints, with delayed flights becoming a little over two-thirds of the total.
Question: Which graph best fits the description given?

> 放送文の訳

メトロ空港を利用する旅客の苦情の種類は年の経過につれて変化してきた。2009年には手荷物の紛失が全苦情の内の1位にあり，全体の4分の3を占めていた。それに迫る他の種類の苦情は1つもなかった。2010年に自動手荷物システムが設置された後，状況が相当変化し始めた。2013年には，手荷物の紛失は全体の苦情のわずか10分の1で，フライトの遅延が全体の3分の2をわずかに超える割合となった。
質問：どのグラフが述べられている説明に最も対応していますか。

> 解説

数字が述べられているものを中心に整理するため，手荷物の紛失に関する変化に注意して聞きましょう。すなわち，In 2009, lost luggage was ranked first among all complaints, comprising three quarters of the total. と述べられていることから，2009年に手荷物の紛失が1位で4分の3を占めている **1** と **4** に正解は絞られます。さらに2013年に手荷物の紛失は only a tenth of total complaints になったと述べられていて，これも **1** と **4** にあてはまります。最後の with delayed flights becoming a little over two-thirds of the total という説明から，フライトの遅延が68%となっている **4** に絞り込めます。

Vocabulary □ complaint 图 苦情　□ comprise 動 〜を構成する　□ automate 動 自動化する
□ install 動 〜を設置する　□ substantially 副 かなり

No. 2 🎧 Tr.28　　　　　　　　　　　　　　　　　　　　　　　　正解：1

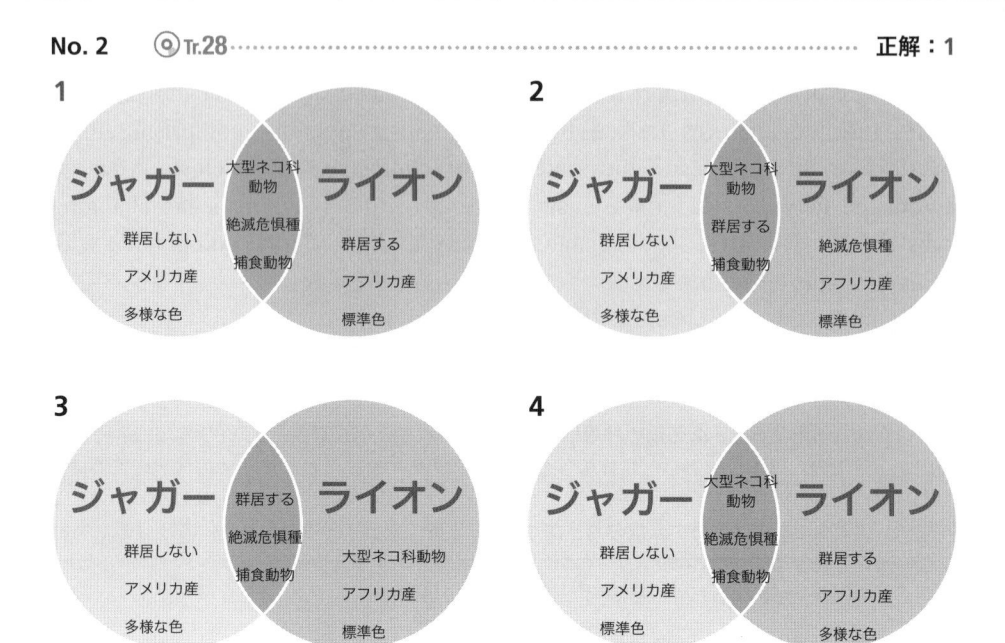

1

- ジャガー
  - 群居しない
  - アメリカ産
  - 多様な色
- 大型ネコ科動物
- 絶滅危惧種
- 捕食動物
- ライオン
  - 群居する
  - アフリカ産
  - 標準色

2

- ジャガー
  - 群居しない
  - アメリカ産
  - 多様な色
- 大型ネコ科動物
- 群居する
- 捕食動物
- ライオン
  - 絶滅危惧種
  - アフリカ産
  - 標準色

3

- ジャガー
  - 群居しない
  - アメリカ産
  - 多様な色
- 群居する
- 絶滅危惧種
- 捕食動物
- ライオン
  - 大型ネコ科動物
  - アフリカ産
  - 標準色

4

- ジャガー
  - 群居しない
  - アメリカ産
  - 標準色
- 大型ネコ科動物
- 絶滅危惧種
- 捕食動物
- ライオン
  - 群居する
  - アフリカ産
  - 多様な色

> 放送文

I'd like to present my research to the class on big cats: specifically, lions and jaguars. Both animals are predators, endangered by excessive hunting by humans. However, the two cats have many differences. Lions are social African animals, all essentially the same color: a type of brown. By contrast, jaguars live in the Americas and lead solitary lives. Jaguars can also appear in various colors, including all-black or spotted.
Question: Which graph best fits the description given?

> 放送文の訳

大型のネコ科動物，具体的にはライオンとジャガーについての研究をクラスで発表したいと思います。どちらの動物も捕食動物であり，人間による乱獲のために絶滅の危機にあります。しかし，この 2 つのネコ科動物には多くの違いがあります。ライオンは群居するアフリカの動物で，基本的にはすべて同じ色をしています。ある種の茶色です。対照的に，ジャガーはアメリカ大陸に住み，群居しない生活をしています。ジャガーはさらに，真っ黒やブチも含めて，様々な体色が見られることがあります。
質問：どのグラフが述べられている説明に最も対応していますか。

解説 選択肢には共通部分で重なった図が並んでいますので，2 つの共通点と相違点に注意しながら聞きましょう。放送文の冒頭から big cats についての話であることがわかります。Both animals are predators, endangered by excessive hunting by humans. と述べられているので共通点は big cats, endangered, predators になり，**2** と **3** が除外されます。相違点について見ると，ライオンは social, African, same color, ジャガーは live in the Americas, solitary, various colors と，それぞれ説明されています。この要件を満たしているのは **1** です。

Vocabulary
□ present 動 ～を提示する，（考えなど）を紹介する　□ specifically 副 具体的に言うと
□ predator 名 捕食動物　□ excessive 形 過度の　□ social 形 （動物が）群居する
□ essentially 副 基本的に，本来　□ lead a ～ life ～な生活を送る　□ solitary 形 群居しない
□ spotted 形 斑点のある

No. 3　Tr.29　　　　　　　　　　　　　　　　　　　　　　　　正解：1

1
- 授業料, 5%
- 補助金, 15%
- 寄付金, 32%
- 投資, 48%

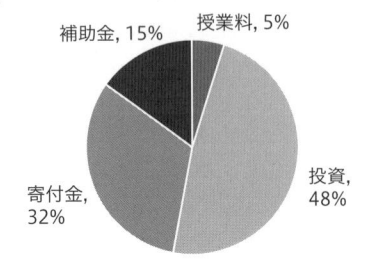

2
- 授業料, 5%
- 補助金, 32%
- 寄付金, 15%
- 投資, 48%

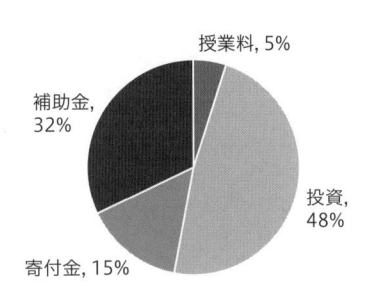

3
- 補助金, 15%
- 寄付金, 32%
- 投資, 5%
- 授業料, 48%

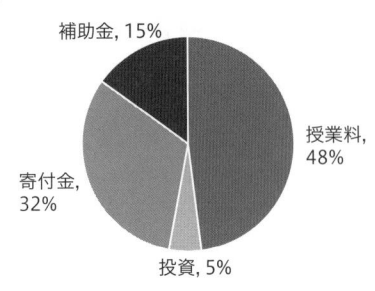

4
- 補助金, 5%
- 授業料, 15%
- 寄付金, 32%
- 投資, 48%

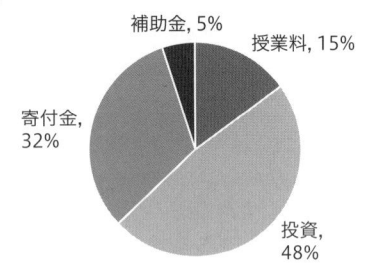

> 放送文

The largest part of Central University revenues — nearly half — comes from investment, with the rest being a combination of other sources. Donations are the second-largest revenue source, at 32 percent of the total. This is followed by grants, which make up about 15 percent of total revenue. Students often say that tuition is too high, but it is actually the smallest revenue source for the university: only 5 percent of the total.
Question: Which graph best fits the description given?

> 放送文の訳

セントラル大学の収入の最大部分，ほぼ半分は投資から来るもので，残りはその他の収入源の組み合わせである。寄付金が2番目に大きな収入源で，総収入の32%になる。これに補助金が続き，総収入の約15%を占めている。しばしば学生は授業料が高すぎると言うが，実は大学にとっては一番小さい収入源であり，総収入の5%に過ぎない。
質問：どのグラフが述べられている説明に最も対応していますか。

解説 最初に総収入の約半分が investment（投資）と述べられていることから，まず **3** が除外されます。次に説明される2つの数字，32%，15% はそれぞれ donations（寄付金），grants（補助金）に当たるので **1** が正解とわかります。また，最後に述べられている Students often say that tuition is too high, but it is actually the smallest revenue source for the university: only 5 percent of the total. から tuition（授業料）は5% とわかり，こちらも **1** にあてはまります。

Vocabulary □ revenue 图 収入　□ investment 图 投資　□ donation 图 寄付（金）　□ grant 图 補助金
□ make up ～ ～を構成する　□ tuition 图 授業料

No. 4 Tr.30 正解：2

1 パーキンス上院議員に対する有権者支持

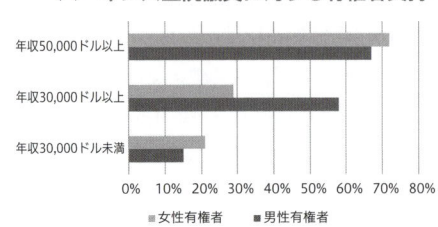

年収	
年収50,000ドル以上	
年収30,000ドル以上	
年収30,000ドル未満	

0% 10% 20% 30% 40% 50% 60% 70% 80%

■ 女性有権者　■ 男性有権者

2 パーキンス上院議員に対する有権者支持

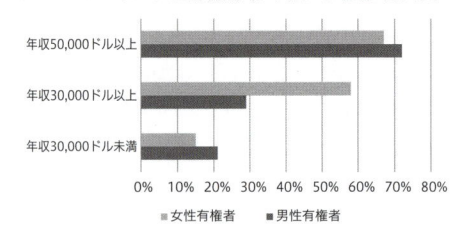

年収	
年収50,000ドル以上	
年収30,000ドル以上	
年収30,000ドル未満	

0% 10% 20% 30% 40% 50% 60% 70% 80%

■ 女性有権者　■ 男性有権者

3 パーキンス上院議員に対する有権者支持

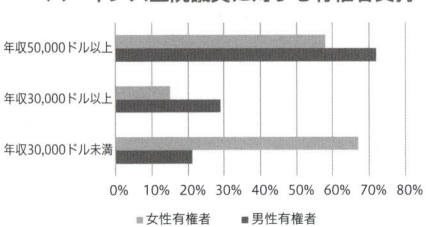

年収	
年収50,000ドル以上	
年収30,000ドル以上	
年収30,000ドル未満	

0% 10% 20% 30% 40% 50% 60% 70% 80%

■ 女性有権者　■ 男性有権者

4 パーキンス上院議員に対する有権者支持

年収	
年収50,000ドル以上	
年収30,000ドル以上	
年収30,000ドル未満	

0% 10% 20% 30% 40% 50% 60% 70% 80%

■ 女性有権者　■ 男性有権者

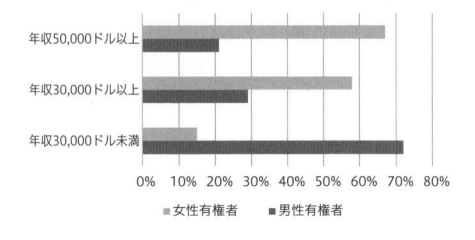

> 放送文

We can learn about a political candidate through studying their voter support. In the recent election, the proportion of men who earned more than 30,000 dollars yearly who voted for Senator Perkins was half of that of women in that same classification. She won large majorities of both men and women who earned more than 50,000 dollars yearly, winning 5 percent more men at that income level. She lost badly among all voters earning less than 30,000 dollars yearly.
Question: Which graph best fits the description given?

> 放送文の訳

私たちは，有権者の支持を研究することで政治家候補者について知ることができます。最近の選挙では，年に 30,000 ドル以上の収入があって，パーキンス上院議員に投票した男性の割合は，同じ分類の女性の割合の半分でした。彼女は年に 50,000 ドル以上の収入があった男性，女性両方の大多数の票を勝ち取り，その収入レベルでは男性の方から 5％多く得票しました。彼女は年収が 30,000 ドルに満たない全有権者の間では惨敗しました。
質問：どのグラフが述べられている説明に最も対応していますか。

> 解説

年収 30,000 ドル以上の有権者に関しては第 2 文で，the proportion of men who earned more than 30,000 dollars yearly who voted for Senator Perkins was half of that of women in that same classification と述べられていて，男性が女性の半分とわかるので該当するグラフは **2** か **4** です。さらに年収 50,000 ドル以上の層では winning 5 percent more men at that income level と言っており，男性の方が 5％多いことを示している **2** に絞り込まれます。年収 30,000 ドル未満の有権者については惨敗だったという説明もこのグラフに合致します。

Vocabulary
- candidate 名 候補者　□ voter 名 投票者，有権者　□ election 名 選挙
- proportion 名 割合　□ senator 名 （アメリカの）上院議員　□ classification 名 分類
- income 名 収入

No. 5 Tr.31 .... 正解：4

1

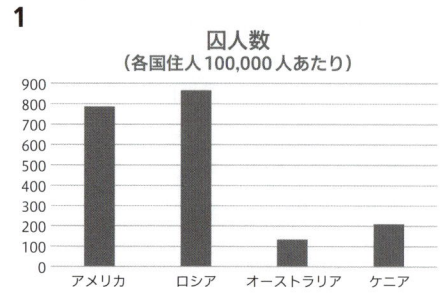

囚人数
（各国住人100,000人あたり）

国	人数
アメリカ	約780
ロシア	約860
オーストラリア	約130
ケニア	約200

2

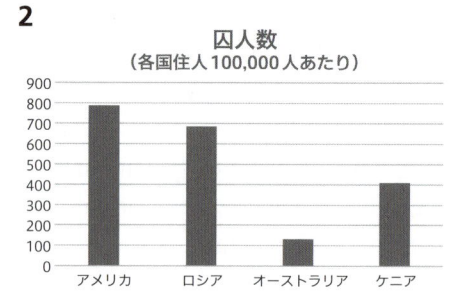

囚人数
（各国住人100,000人あたり）

国	人数
アメリカ	約780
ロシア	約680
オーストラリア	約130
ケニア	約400

3

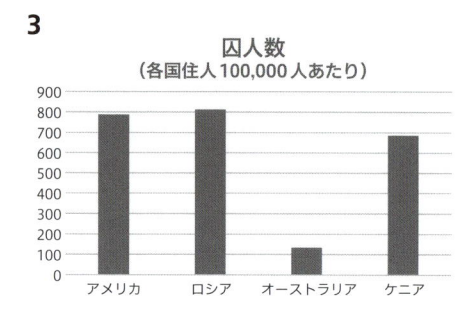

囚人数
（各国住人100,000人あたり）

国	人数
アメリカ	約780
ロシア	約810
オーストラリア	約130
ケニア	約680

4

囚人数
（各国住人100,000人あたり）

国	人数
アメリカ	約780
ロシア	約680
オーストラリア	約130
ケニア	約130

170

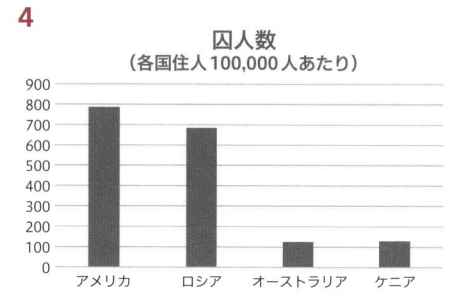

放送文

America has a prison population of about 2.2 million. This comes to 787 out of every 100,000 Americans: the highest imprisonment rate in the world. Russia is the only nation anywhere near America, with 685 out of every 100,000 Russians in prison. By comparison, the number of Australians in prison is only about 125 per 100,000 people, similar to the rate in Kenya.
Question: Which graph best fits the description given?

放送文の訳

アメリカの囚人数は約 220 万人である。これはアメリカ人 100,000 人あたり 787 人という数になり，世界で最も高い収監率である。アメリカにいくらか近い唯一の国がロシアで，ロシア人 100,000 人あたり 685 人が収監されている。それにひきかえ，収監されているオーストラリア人の数は 100,000 人あたりわずか 125 人ほどで，ケニアの割合に類似している。
質問：どのグラフが述べられている説明に最も対応していますか。

解説　グラフを見ると，囚人数 (Prison Population) が各国住人 100,000 人あたり (Per 100,000 Residents in Country) の数で表されています。したがって，読まれる英語の中でもその数値に注意する必要があります。アメリカでは 787 out of every 100,000 Americans, ロシアでは 685 out of every 100,000 Russians, オーストラリアでは about 125 per 100,000 people と述べられていることから，正解は **2** と **4** に絞られます。最後に述べられている，オーストラリアの割合がケニアのものに近いという点から **4** を選択します。

Vocabulary　□ imprisonment 图 収監, 投獄　□ by comparison（しばしば文頭に用いて）それにひきかえ

Part 2A 長い会話の聞き取り

問題数	3題9問
出題内容	大学生活を想定した長い会話と複数の問いを聞き，それらに対して適切な文を選びます。
解答時間	1問10秒
指示文 （音声で放送されます） ⊙ Tr.32	Part 2A. In this part, you will hear three long conversations, A, B, and C. Before each conversation, you will hear a short description of the situation. The situation is also printed in your test booklet. Each conversation will be followed by three questions. The questions are also printed in your test booklet. For each question, you will have 10 seconds to choose the best answer and mark your answer on your answer sheet. The conversations and questions will be played only once. Now, let's begin. (Part 2A このパートでは，A，B，Cの3つの長い会話を聞きます。それぞれの会話の前に，状況の短い説明が流れます。状況は問題冊子にも印刷されています。それぞれの会話には3つの質問が続きます。質問は問題冊子にも印刷されています。それぞれの質問に対し，10秒間の解答時間の間に最も適切な答えを選び，解答用紙にマークしなさい。会話と質問は1度だけ読まれます。それでは，始めます。)

例題

放送文　⊙ Tr.33 〜 Tr.35

Situation: A Japanese teacher at an American university meets one of her students in the hallway.

☆：Raymond, how are you?

★：Hello, Ms. Honda. I'm fine.

☆：I read your speech draft last night. It was so interesting! Is it a true story?

★：Yes, unfortunately. When I visited Osaka last year, I couldn't find my hotel. I got lost, and it was late, so I ended up sleeping at an Internet café. A lot of unexpected things happened that night. It was quite an experience.

☆：Well, I'm glad you survived. It's a great story. You should enter the university's Japanese speech contest.

★: Speech contest? No, I don't like speaking in front of groups.

（問題冊子に印刷されている文）　（Situation 省略）

No. 29 What happened to Raymond in Osaka?
　　1 He was unable to find his hotel.
　　2 He lost his luggage at the airport.
　　3 He got on the wrong train.
　　4 He missed his flight home.

No. 30 According to the teacher, why should Raymond enter the speech contest?
　　1 He would be sure to win first prize.
　　2 He has an interesting story to tell.
　　3 He is good at speaking in public.
　　4 He gets the highest grades in class.

（TEAP 見本問題 1 より一部抜粋）

正解：**No. 29** **1**　**No. 30** **2**

問題の訳　状況：アメリカの大学で，日本人の先生が廊下で彼女の学生の1人に会っている。
☆：レイモンド，元気ですか。
★：こんにちは，ホンダ先生。僕は元気です。
☆：昨日の夜，あなたのスピーチ原稿を読みました。とても面白かったです！実話なのですか。
★：はい，残念ながら。僕が昨年大阪を訪れたとき，ホテルを見つけることができなかったんです。道に迷い，夜も遅かったので，インターネットカフェで寝ることになってしまいました。その夜は予期しないことがたくさん起きました。なかなかの経験でした。
☆：まあ，あなたが切り抜けられてよかったです。すごい話ですね。大学の日本語スピーチコンテストに出場するべきです。
★：スピーチコンテストですか。いいえ，僕は大勢の人の前で話すのは好きではありません。

No. 29　大阪でレイモンドに何が起きましたか。
　　1 ホテルを見つけることができなかった。
　　2 空港で荷物をなくした。
　　3 違う電車に乗った。
　　4 帰りの飛行機に乗り損ねた。

No. 30 先生によると，レイモンドはなぜスピーチコンテストに出場すべきなのですか。
1 彼はきっと優勝するから。
2 彼には人に聞かせたら面白い話があるから。
3 彼は人前で話すのが得意だから。
4 彼はクラスで最高得点を取るから。

解説　No. 29 大阪でレイモンドに起こったことを尋ねているので，会話の中で男性（レイモンド）が言っている When I visited Osaka last year, I couldn't find my hotel. という言葉から **1** が正解です。
　　　No. 30 「なぜスピーチコンテストに参加するべきか」という質問なので，女性の It's a great story. You should enter the university's Japanese speech contest. という発言が答えにつながります。**2** の「人に聞かせたら面白い話があるから」が正解です。

◎ Listening Part 2A の解き方

このパートでは Part 1A に比べて長めの会話が扱われます。また，状況 (Situation) と質問が問題冊子に印刷されているのが Part 1 と異なる点です。トピックは大学生活に関するものが多く，学生と教授など大学関係者との会話が多く出題されます。3人の話者が登場することもありますが，慌てないようにしましょう。

◎ 解答の手順

▶▶ 1 印刷された Situation，質問，選択肢を読みます。
▶▶ 2 与えられた Situation，質問を念頭に置いて，トピックに関係する語や表現をキャッチしながら話の展開を理解していきます。
▶▶ 3 質問に対する正解を見つけます。

◎ 着眼点

〈Situation と質問の理解〉
まずは問題冊子に印刷された Situation に目を通します。ここで，話者が2人なのか3人なのかを確認しておきましょう。それを踏まえて質問を読み，把握します。話者のうち誰の，どのような発言に気をつけて聞けばよいかを予測できるとベストです。

〈話の展開の理解〉
Part 1A に比べて会話が長い分，話の展開に変化がつくことが多いので，正確に話を追っていくために次のような点に気をつけましょう。
▶ 会話の中での質問に Yes / No のどちらで答えているか，またはどちらとも答えていないか。
▶ 同意・反対を表す，または話の流れを変えるような言葉はあるか。例：I agree.／You're right.／I disagree.／It's impossible.／Speaking of 〜／besides など
▶ 因果関係を示す語句はあるか。例：so／because など

ワンポイントアドバイス

会話が長くなっても，また3人の話者が登場しても流れを追えるように，大学入試問題や語学番組の素材などでリスニング練習をしておきましょう。また，ポイントをおさえたメモを取る練習をしておくと効果的です。

Part 2A　　　　練習問題

Tr.36 〜 Tr.39

A

Situation: An American student stops by after class to speak with a Japanese professor.

No. 1　What did Julia experience in Kobe?
　　　　1 Studying financial markets.
　　　　2 Enjoying a local tour.
　　　　3 Shopping in food markets.
　　　　4 Talking with Japanese students.

No. 2　What does Julia say about her essays?
　　　　1 They included very little Japanese.
　　　　2 They contained some incorrect data.
　　　　3 They were based on an outdated textbook.
　　　　4 They were left in the professor's office.

No. 3　According to the professor, what should Julia do in Japan?
　　　　1 Learn more Kanji.
　　　　2 Reside in Osaka.
　　　　3 Take courses that are taught in English.
　　　　4 Apply for a scholarship.

◎ Tr.40 〜 Tr.43

B

Situation: A student meets with a tutor at a university counseling and tutoring center.

No. 4 What does the student say is the problem?
    1 His recent grade was low.
    2 He missed a test.
    3 He doesn't have enough time to study.
    4 His professor is hard to understand.

No. 5 What does the tutor say about the class?
    1 It includes no new material.
    2 It needs little background knowledge.
    3 It is taught as an advanced subject.
    4 It is limited to three textbooks.

No. 6 What does the tutor recommend that the student do?
    1 Stop using so many key concepts.
    2 Explain his current techniques.
    3 Talk with some classmates.
    4 Read the material with her.

◎ Tr.44 ～ Tr.47

[C]

Situation: Two students are speaking with a professor about applying for internships.

No. 7 What are the men concerned about?
  1 Changing their majors.
  2 Understanding a process.
  3 Returning to Japan.
  4 Graduating early.

No. 8 According to the woman, why are the men likely to get internships?
  1 They are paid well.
  2 They are studying law.
  3 They are university juniors.
  4 They are earning high grades.

No. 9 Who will the men speak to on the fourth floor?
  1 An IT professor.
  2 An advisor.
  3 A company lawyer.
  4 A class registrar.

Listening Part 2A

🅐 Tr.36 〜 Tr.39

A

放送文

Situation: An American student stops by after class to speak with a Japanese professor.

☆：Professor Tachibana, I'd like to consult with you, if you have time.
★：Sure, in connection with what?
☆：I've really enjoyed your class, so much so that I've become interested in studying Japanese economics firsthand.
★：What do you mean?
☆：You know... going to Japan, and studying markets, firms and consumers. I think it's best to get direct experience like that.
★：By all means, you should certainly go. It would be very educational.
☆：Thanks for the encouragement, but I'm also curious as to whether I'm really prepared for studying abroad.
★：I think you are. What are your concerns about going? If it's about finances, you know there are plenty of scholarships available.
☆：No, it's not that. I'm not confident that my Japanese is good enough to survive — let alone study — in Japan.
★：I see.
☆：I mean... I had a good time on a group tour in Kobe last year, but taking courses or doing research on businesses and stocks would be very hard. Do you think I could do it?
★：In fact, I do, Julia. I'm guessing that you wouldn't depart until the summer. That would give you time to improve your language skills.
☆：Thanks for saying that, Professor. But, as you know, my Japanese isn't as good as it should be. All of my essays are in English, with only a few Kanji inserted. I couldn't get through a Japanese economics textbook — even if I studied a lot over the next few months.
★：I can understand your worries. Once you're in Japan, you should probably begin with Japanese economics courses taught in English. That would also be a chance for you to meet more Japanese experts.
☆：Are there many of those classes at Japanese universities?
★：There certainly are. Come by during office hours tomorrow, and I can give

you a few brochures on them.

Questions:
No. 1   What did Julia experience in Kobe?
No. 2   What does Julia say about her essays?
No. 3   According to the professor, what should Julia do in Japan?

放送文の訳

状況：アメリカ人学生が授業の後で日本人の教授と話をするために立ち寄っている。
☆：タチバナ教授，もしお時間があれば，ご相談したいことがあるのですが。
★：いいですよ。何についてですか。
☆：教授の授業が実に楽しくて，日本の経済学を直接勉強することに興味を持つようになったのです。
★：どういうことですか。
☆：あの…日本に行って，マーケットや会社や消費者を研究することです。そのようにして直接の経験をするのが一番だと思うのです。
★：何としても，ぜひ行くべきですね。とても勉強になるでしょう。
☆：励ましていただいてありがとうございます。でも，自分が海外で勉強することに対して本当に準備ができているのかどうかも知りたいと思うのです。
★：できていると思いますよ。行くことについての心配は何ですか。金銭的なことなら，利用できる奨学金がたくさんありますよね。
☆：いえ，そうではありません。私の日本語は日本でどうにか暮らしていけるレベルなのか，まして研究なんかできるのか，自信がなくて。
★：なるほど。
☆：つまり，去年の神戸でのグループ旅行は楽しかったのですが，ビジネスや株式の講座を受けたり，調査をしたりするのはとても大変でしょう。教授は私にそれができると思われますか。
★：実際のところ，できると思いますよ，ジュリア。夏まではきっと出発しないのでしょう。それなら，あなたが語学力を磨く時間はありますよ。
☆：そう言ってくださってありがとうございます，教授。でも，ご存じのように，私の日本語はあるべきレベルほど上手ではありません。私のレポートは全部英語で，漢字がほんのいくつか入っているだけです。日本語の経済学のテキストを読み終えることはできないでしょう――たとえこれからの数ヶ月，たくさん勉強したとしても。
★：心配はわかりますよ。日本に行ったら，あなたは多分英語で教えられている日本経済学の講座から始めるべきでしょうね。そうすれば，もっと日本人の専門家に会う機会もあるでしょうから。
☆：そうした講座は日本の大学に多くあるのですか。
★：もちろんあります。明日，オフィスアワーの間に立ち寄りなさい。そうしたら私がそれらの講座に関するパンフレットをいくつかあげましょう。

No. 1　　　　　　　　　　　　　　　　　　　　　　　　　　　　　　　　正解：2

問題の訳　ジュリアは神戸で何を体験しましたか。
　　　1　金融市場を研究すること。
　　　2　現地のツアーを楽しむこと。
　　　3　食料市場で買い物をすること。
　　　4　日本人学生と話をすること。

解説　ジュリアは6度目の発言で，I had a good time on a group tour in Kobe last year と言っています。したがって，**2**が正解です。2度目の発言で日本の経済学を勉強したいと言っていますが，神戸で金融市場の研究をしたという説明はありませんので，**1**は不適。**3**についても触れられていません。日本語については話していますが，「神戸で日本人学生と話をした」という説明はなく，**4**も不正解です。

No. 2　　　　　　　　　　　　　　　　　　　　　　　　　　　　　　　　正解：1

問題の訳　自分のレポートについてジュリアは何と言っていますか。
　　　1　日本語がほとんど含まれていなかった。
　　　2　いくつか不正確なデータが含まれていた。
　　　3　時代遅れのテキストに基づいていた。
　　　4　教授のオフィスに置いたままになっていた。

解説　7度目の発言で，ジュリアは All of my essays are in English, with only a few Kanji inserted. と言っていますから，**1**が正解です。**2**の「不正確なデータ」，**3**の「時代遅れのテキスト」には，どちらも触れられていません。また，**4**の「教授のオフィス」については，パンフレットを取りに来ることに関連しているだけで，正解ではありません。

No. 3　　　　　　　　　　　　　　　　　　　　　　　　　　　　　　　　正解：3

問題の訳　教授によると，ジュリアは日本で何をするべきですか。
　　　1　もっと漢字を勉強する。
　　　2　大阪に住む。
　　　3　英語で教えられている講座を受ける。
　　　4　奨学金に応募する。

解説　7度目の発言で教授が，英語で教えられている日本経済学の講座から始めることを勧めていて，このことから**3**が正解です。**1**の「漢字」については，「日本で勉強する」には言及がありません。**2**の「大阪」についても述べられておらず，**4**の「奨学金」については日本に行くために先生が勧めているものですから，これも不正解です。

Vocabulary
- consult with ~ ~に相談する □ firsthand 副 直接に □ consumer 名 消費者
- by all means ぜひ…するとよい □ encouragement 名 励まし □ scholarship 名 奨学金
- available 形 入手できる □ let alone ~ （否定の後で）まして~ □ stock 名 株式
- essay 名 （学生の）レポート，作文 □ get through ~ ~を終わらせる，やり遂げる
- brochure 名 小冊子，パンフレット

学問分野

本文中に economics「経済学」が登場しました。キャンパス英語で頻繁に登場する代表的な学問分野の英語名を確認しておきましょう。

economics	経済学(略 econ)	sociology	社会学
international relations	国際関係論	anthropology	人類学
journalism	ジャーナリズム	statistics	統計学
law	法学	astronomy	天文学
literature	文学(略 lit)	biology	生物学
political science	政治学(略 poli sci)	chemistry	化学
psychology	心理学	computer science	コンピューターサイエンス
philosophy	哲学	environmental studies	環境学
engineering	工学	physics	物理学

Tr.40 ～ Tr.43

B

放送文

Situation: A student meets with a tutor at a university counseling and tutoring center.

★ : Excuse me, I wonder if you have a moment. I really need to improve my grade in my American History 101 class. The professor is great, but... I didn't do so well on the last test.

☆ : I'll do my best to help you. What do you think has been giving you the most problems?

★ : I think it's that the class covers some periods of American history that are a little unfamiliar to me, like the Great Depression.

☆ : Hmmm... by and large, you shouldn't need much prior knowledge for that class: it's meant as an introductory course. But I will say that its topics are new for a lot of students. Are you reading all the class assignments?

★ : Yes, but there are so many pages to read. It's hard to remember everything for the tests.

☆ : You don't have to memorize everything. You only need to master some key terms or concepts.

★ : So, what should I do?

☆ : We can start by going through a few pages together. As we do, I'll help you mark out the key concepts.

★ : That sounds helpful, but even if it works here, I'm bound to have the same problem when I study alone.

☆ : We'll also go through a few techniques for recognizing important points. For example, the main point will often appear at the very top of the paragraph, with explanations that follow.

Questions:
No. 4 What does the student say is the problem?
No. 5 What does the tutor say about the class?
No. 6 What does the tutor recommend that the student do?

> 放送文の訳

状況：学生が相談・指導センターでチューターに会っている。

★：すみません，少しお時間いただけますか。アメリカ史 101 クラスの成績をどうしても上げる必要があるのです。教授は素晴らしいのですが…僕はこの前のテストであまりよくできなくて。

☆：私にできるだけのお手伝いはしましょう。何が一番問題になっていると思いますか。

★：クラスが，アメリカの歴史の中で僕にとって少しなじみのないいくつかの時代を扱っていることだと思います。例えば，世界大恐慌のような。

☆：うーん…，概してあのクラスには大した予備知識は必要じゃないはずなのだけれど。入門講座とされていますからね。でも，トピックは多くの学生にとって目新しいものだと言えるでしょう。クラスの課題はすべて読んでいますか。

★：はい，でも読むページ数があまりに多くて。テストに向けて全部覚えるのは難しいです。

☆：すべてを暗記する必要はありません。カギになるような用語や概念をマスターしておくだけでいいのですよ。

★：そうすると，僕は何をすべきでしょうか。

☆：一緒に 2，3 ページ通して読んでみることから始めましょう。その際，私がカギになる概念を選び出すのを手伝います。

★：それは助かりそうですが，たとえここでうまくいったとしても，僕 1 人で勉強するときには，必ず同じ問題にぶつかってしまいますよね。

☆：重要なポイントに気づくためのいくつかのテクニックも一通り検討しましょう。例えば，主要なポイントはパラグラフのすぐ初めに出ていることがよくあります。そしてその後に説明が続くのです。

No. 4 　　正解：1

問題の訳 学生は何が問題だと言っていますか。
1 最近の成績が低かった。
2 テストを受けそこなった。
3 十分な勉強時間がない。
4 教授の話がわかりにくい。

解説 学生が最初の発言の中で I really need to improve my grade in my American History 101 class. と I didn't do so well on the last test. と言っているので **1** が正解です。**2** の「テストを受けそこなった」, **3** の「十分な勉強時間がない」という説明はありません。教授については「素晴らしい」と言っているので **4** も不正解です。

No. 5 　　正解：2

問題の訳 チューターはクラスについて何と言っていますか。
1 新しい題材はまったく含まれていない。
2 背景知識はほとんど必要ない。
3 上級科目として教えられている。
4 3つのテキストに限定されている。

解説 2度目の発言でチューターは by and large, you shouldn't need much prior knowledge for that class と言っていることから **2** が正解です。**1** の「新しい題材はまったく含まれていない」については「トピックは新しい」と言っているので逆です。このクラスは an introductory course「入門科目」だと言っているので **3** も不適。**4** の「3つのテキスト」は言及されていません。

No. 6 　　正解：4

問題の訳 チューターは学生がどうすることを勧めていますか。
1 カギになる概念を使いすぎない。
2 彼の現時点のテクニックを説明する。
3 何人かのクラスメートと話す。
4 題材を彼女と一緒に読む。

解説 4度目の発言でチューターは We can start by going through a few pages together. と言っているので, **4** が正解。**1** の「カギになる概念」という言葉は You only need to master some key terms or concepts., I'll help you mark out the key concepts というチューターの3度目, 4度目の発言で出てきますが, 使いすぎてはいけないということは言っていないので不適。**2** の「彼の現時点の技術」, **3** の「クラスメートと話す」はどちらも対話の中で言及がないので不適です。

Vocabulary
- Great Depression（世界）大恐慌
- by and large 概して
- prior knowledge 予備知識
- introductory 形 入門の，初めの
- assignment 名 課題
- term 名 用語
- concept 名 概念，コンセプト
- go through ～ （書類など）に最後まで目を通す
- mark out ～ ～を区別する，目立たせる
- be bound to *do* 必ず～する

📖 tutor

TEAP によく登場するキャンパス英語の 1 つに，tutor があります。tutor とはもともと正規の学校教育とは別に個人的に教える家庭教師のような教員のことを指しますが，大学ではこの対話でみられるように学生に個人的に学習のアドバイスを与える人を tutor と呼び，大学生・大学院生がアルバイトで行うことが多いようです。特に留学生などが語学の学習をサポートしてもらうために tutor が付く場合があります。また，advisor もいて，教授などがその任に当たり，専門的，学問的なアドバイスを与えます。

Tr.44 〜 Tr.47

C

放送文

Situation: Two students are speaking with a professor about applying for internships.

★ : Professor Johnson, sorry to disturb you, but do you have a moment to see us?
☆ : No problem. What can I do for you two?
● : Since we're graduating next year, we have an interest in applying for internships this semester. We heard you're an authority on this.
☆ : That makes sense; you're both juniors, so this is the time to apply. What fields were you thinking of trying to intern in?
★ : IT, since that corresponds with our computer science majors. We noticed that there are a lot of high-tech firms here in Seattle, so we've been trying to look for opportunities in the area.
☆ : That's a logical plan. You should go forward with it.
● : However, as you know, we're Japanese, so we're wondering if American laws permit us to actually take internships here.
☆ : Yes, as long as the internships are unpaid. Most of them are, anyway. By the way, you both might, in fact, have an advantage when you apply.
★ : Why's that?
☆ : There are quite a few Japanese firms doing business in this state, as well as American or multinational firms here that also do business in Japan. Both types of firms would want you.
● : Do you think we'd have a chance with them?
☆ : Absolutely. Both of you have high grades on tests and projects in my class. You've also participated a lot in class discussions. With both your technical backgrounds and Japanese language skills, firms here would be glad to have you.
★ : What would be the first step?
☆ : Go to the career center on the fourth floor. Speak with Beatrice Carter or another counselor to get more details on these programs.
● : I see. We'll go talk to her.
☆ : Also, if you need recommendations, I'd be happy to write one for each of you.

Questions:
No. 7　What are the men concerned about?
No. 8　According to the woman, why are the men likely to get internships?
No. 9　Who will the men speak to on the fourth floor?

> 放送文の訳

状況：2人の学生がインターンシップへの応募について教授と話している。
★：ジョンソン教授，お邪魔してすみませんが，ちょっとお時間をよろしいですか。
☆：もちろん。2人とも何の用件ですか。
●：僕たちは来年卒業なので，今学期，インターンシップに応募することに興味を持っています。このことについて教授が権威でいらっしゃると伺いました。
☆：なるほど。2人とも3年生なので今が応募する時期ですね。どういった分野でインターンをしてみたいと考えていましたか。
★：ＩＴです。僕たちの専攻のコンピューターサイエンスと合致するので。ここシアトルには多くのハイテク企業があることに気づいたのです。そこで，その地区でチャンスを探してみようと思っています。
☆：それは論理的な計画ですね。その方向で進めるべきでしょう。
●：でも，おわかりのように僕たちは日本人なので，僕たちが実際にここでインターンシップをすることがアメリカの法律で許されるのかどうかと思っているのです。
☆：大丈夫です，インターンシップが無給である限りは。どのみち，ほとんどは無給ですが。ところで，実際のところ，応募する段階であなたたち2人には有利な点があるかもしれませんよ。
★：それはなぜですか。
☆：この州ではたくさんの日本企業が事業を行っています。日本でも事業を行っているここのアメリカ企業や多国籍企業もありますね。どちらのタイプの会社もあなたたちを欲しがるでしょう。
●：そうした会社に対して僕たちにチャンスはあると思われますか。
☆：間違いなくね。2人とも私のクラスでテストやプロジェクトで良い成績を取っています。それにクラスのディスカッションにもたくさん参加しています。あなたたちの持つ技術面での経歴と日本語の技能の両方があれば，ここの企業はあなたたちを喜んで受け入れますよ。
★：最初の1歩は何でしょうか。
☆：4階のキャリアセンターに行きなさい。ビアトリス・カーターか，別の相談員と話をして，こうしたプログラムについてより詳しいことを聞きなさい。
●：わかりました。話しに行ってきます。
☆：それから，もし推薦状が必要なら，喜んで私があなたたち2人に書いてあげますよ。

No. 7　　　正解：2

問題の訳　男性たちは何を気にかけていますか。
1 専攻を変えること。
2 ある手続きを理解すること。
3 日本に帰ること。
4 早く卒業すること。

解説　**1**の「専攻」については2人ともコンピューターサイエンスと言っていますが，変更については述べられていません。**3**の「日本」については2人が日本人というだけで帰国のことは触れられていません。**4**の「卒業」も来年に卒業すること以外の情報はありません。正解は**2**です。この対話全体から，2人がインターンシップをするためにどうすればよいかの手続きが話題になっていることがわかります。

No. 8　　　正解：4

問題の訳　女性によると，なぜ男性たちはインターンシップができる可能性が高いのでしょうか。
1 良い支払いを受けているから。
2 法律を勉強しているから。
3 大学3年生だから。
4 良い成績を取っているから。

解説　学生の Do you think we'd have a chance with them? に対して，教授は Absolutely. Both of you have high grades on tests and projects in my class. と答えています。正解は**4**です。**1**の「支払い」については，インターンシップはほとんど無給だという教授の言葉以外に言及がありません。**2**については2人はコンピューターサイエンス専攻なので不適。**3**の「大学3年生」については教授の2度目の発言でわかるように，インターンシップに応募するのに良い時期ということで，それができることの理由にはならないので不適です。

No. 9　　　正解：2

問題の訳　男性たちは4階で誰と話をしますか。
1 ＩＴの教授。
2 アドバイザー。
3 会社の弁護士。
4 学籍係。

解説　最後から2番目の発言で教授は Go to the career center on the fourth floor. Speak with Beatrice Carter or another counselor to get more details on these programs. と言っています。ビアトリス・カーターか別の相談員と話すわけですが，「相談員」を言い換えているのが**2**の「アドバイザー」だと考えられます。**1**や**3**や**4**には言及がありませんので，不適です。

Vocabulary　□ apply for 〜 〜に応募する　□ semester 图 学期　□ authority 图 権威
□ junior 图 (4年制大学の)3年生　□ correspond with 〜 〜と合致する
□ go forward with 〜 (計画など)を進める　□ multinational 形 多国籍の
□ recommendation 图 推薦(状)

internship

「インターンシップ」という制度，就職活動を始めるころの大学生にはおなじみの用語ですが，高校生には聞き覚えがないかもしれません。この制度は企業が大学生や大学院生を対象にして，在学中に夏休みなどを使って実務を経験させるものです。学生はそれを機会にその企業に就職が決まる場合もあり，企業側から見ればインターンシップの様子から優秀な学生を自分のところに招くこともできるわけです。

Part 2B 長い英文の聞き取り（図表も含む）

問題数	4題16問
出題内容	大学の講義などを想定した長い英文と複数の問いを聞き，それらに対して適切な文を選びます。
解答時間	1問10秒
指示文 （音声で放送されます） ⊚ Tr.48	Part 2B. In this part, you will hear four long passages, D, E, F, and G. Before each passage, you will hear a short description of the situation. The situation is also printed in your test booklet. Each passage will be followed by four questions. The questions are also printed in your test booklet. For each question, you will have 10 seconds to choose the best answer and mark your answer on your answer sheet. The passages and questions will be played only once. Now, let's begin. （Part 2B　このパートでは，D，E，F，Gの4つの長い文章を聞きます。それぞれの文章の前に，状況の短い説明が流れます。状況は問題冊子にも印刷されています。それぞれの文章には4つの質問が続きます。質問は問題冊子にも印刷されています。それぞれの質問に対し，10秒間の解答時間の間に最も適切な答えを選び，解答用紙にマークしなさい。文章と質問は1度だけ読まれます。それでは，始めます。）

例題

放送文　⊚ Tr.49〜Tr.51

Situation: You will hear a professor talking about a major construction project.

Next in our investigation of the world's great engineering achievements is the Channel Tunnel. This tunnel stretches under the English Channel from England to France. The first known plan for the tunnel was in 1802, with the aim of transporting horse-drawn carts. Then, in the 1880s, workers dug a three-kilometer section of tunnel. However, the project was abandoned due to British concerns about national security. Over a hundred years later, the governments of Britain and France finally agreed on an acceptable design proposal. Construction took five years and was completed in 1994.

> 問題冊子に印刷されている文　　（Situation 省略）

No. 43　What is one thing we learn about the Channel Tunnel?
  1　The British public were not told about the project.
  2　It only became possible because of modern technology.
  3　It was first proposed over 200 years ago.
  4　The French government suggested the idea.

No. 44　Why was construction of the tunnel stopped in the 1880s?
  1　There were concerns about Britain's security.
  2　French workers went on strike.
  3　The cost was too high.
  4　Technical problems occurred after 3 kilometers.

(TEAP 見本問題 2 より一部抜粋)

正解：**No. 43　3　　No. 44　1**

> **問題の訳**　状況：教授が大規模な建設事業について話すのを聞きます。
>
> 世界でも優れたエンジニアリングの成果の研究で次に見ていくのは，英仏海峡トンネルです。このトンネルは英仏海峡の下をイギリスからフランスまで伸びています。知られている限りのこのトンネルの最初の建設計画は 1802 年のことで，荷馬車を運送することが目的でした。それから 1880 年台に作業員がこのトンネルを 3 キロ掘りました。しかし，この建設事業は国家安全に関するイギリスの懸念によって中止されました。100 年以上経って，イギリス政府とフランス政府がようやく容認可能な設計案について合意しました。建設には 5 年かかり，1994 年に完成しました。
>
> **No. 43**　英仏海峡トンネルについて分かることの 1 つは何ですか。
>   **1**　イギリスの一般の人々はこの事業について知らされていなかった。
>   **2**　現代の科学技術によってのみ可能となった。
>   **3**　最初に計画されたのは 200 年以上前のことである。
>   **4**　フランス政府がこの構想を提案した。
>
> **No. 44**　トンネルの建設が 1880 年代に中止されたのはなぜですか。
>   **1**　イギリスの安全保障に関する懸念があったから。
>   **2**　フランスの作業員がストライキを起こしたから。
>   **3**　費用が高すぎたから。
>   **4**　3 キロを超えたところで技術的な問題が起こったから。

> **解説**　**No. 43**　第 3 文に The first known plan for the tunnel was in 1802 と述べられていることから「200 年以上前」という判断ができますので，**3** が

	正解です。**1**の「民衆の認知度」，**2**の「現代の科学技術」，**4**の「計画の提案国」に関しては述べられていないので不適とわかります。
No. 44	第5文のHowever以下に計画の中止の理由が「イギリス側の安全保障上の懸念」だったと述べられているので**1**が正解です。due to ～「～のために」という原因を表す表現に注意しましょう。**2**の「ストライキ」，**3**の「費用の高さ」，**4**の「技術上の問題」のことは述べられていないので，これらは不適です。

◎ Listening Part 2B の解き方

Part 2A と同様，Situation と質問，選択肢が問題冊子に印刷されています。放送されるのが長文の講義内容やアナウンスになるので，かなり難易度の高いリスニングだと言えるでしょう。最後の［G］はさらにグラフの読み取りが求められます。落ち着いて聞き取りましょう。

◎ 解答の手順

▶▶ 1 印刷された Situation，質問，選択肢の順番で目を通し，放送文の内容に関してある程度の予想を立てておきます。
▶▶ 2 1つの放送文に対して4つの質問がありますが，ほぼ英文の流れに沿った順番で出題されるので，質問に関係する箇所が読まれたらメモを取りましょう。すぐに正解を判断できることも多いはずです。
▶▶ 3 質問，選択肢，メモを読み直し，誤解がないかを確認して正解を確定させます。

◎ 着眼点

〈Situation と質問の理解〉
問題冊子と放送文とで示される Situation を踏まえ，放送される長文を細かい点まで聞き取る能力が求められています。質問は What から始まる疑問文であることが多いですが，How，Which，Why による疑問文になることもあります。何が問われているのかを確実に把握しましょう。

〈テーマは何か〉
大学の講義がよく出題され，文学，歴史，伝記，テクノロジー，自然科学など分野は多岐にわたります。これらの分野は Part 1B と共通するものが多いので，背景知識を身につけておけるとよいでしょう。放送文はかなり長く，詳細な内容の理解が問われることもあるので，話者が主に伝えたいことは何なのか，その描写に用いた表現，数字は何かを確実に把握する必要があります。

👉 ワンポイントアドバイス

形式の似ているセンター試験リスニングの過去問などを参考にして，長文の聞き取りの訓練をしておきましょう。放送文は聞き直しができないということを考え，すばやく重要事項をメモする習慣を身につけたいものです。また，英文が放送されるより前に質問と選択肢に目を通せるようになることも大切です。

Part 2B 練習問題

Tr.52 〜 Tr.56

D

Situation: You will listen to a professor introducing a new topic to her class.

No. 1　What is the main theme of this lecture?
　　1 How to apply for IT jobs.
　　2 How to earn information sector profits.
　　3 Ways to keep communication protected.
　　4 Techniques to develop Web sites.

No. 2　What does the professor say about Chapter 23?
　　1 It was newly added to this edition.
　　2 It is longer than it was before.
　　3 It is centered on digital shopping.
　　4 It was based on a single technological platform.

No. 3　What does the speaker indicate about messaging applications?
　　1 They are ideal to use with Wi-Fi.
　　2 They are tied to forms of social media.
　　3 They are to be discussed as part of the course.
　　4 They are a good field to start a career in.

No. 4　What does the speaker ask the students to do?
　　1 Write lecture notes.
　　2 Meet in study groups.
　　3 Post on social media.
　　4 Read through a subject.

Tr.57 ～ Tr.61

E

Situation: You will listen to a professor making an announcement at an event.

No. 5   According to the speaker, what is the main purpose of the event?
    1 Thanking donors for their help.
    2 Finding volunteers for a cause.
    3 Raising money for a school.
    4 Organizing a charity performance.

No. 6   What is a requirement for all the participants?
    1 Writing scripts.
    2 Being polite.
    3 Updating lists.
    4 Helping classmates.

No. 7   What does the speaker say about the phone calls?
    1 They could all be successful.
    2 They may last longer than expected.
    3 They can never include the word "no."
    4 They must be ended when clearly necessary.

No. 8   What does the speaker tell the listeners to do?
    1 Keep breaks reasonably short.
    2 Wait for staff approval.
    3 Ask questions at any time.
    4 Pick up free gifts before leaving.

⊚ Tr.62 ~ Tr.66

[F]

Situation: A professor is addressing her students on the first day of class.

No. 9　What makes the class challenging?
　　　　1 It contains advanced concepts.
　　　　2 It requires an extensive background.
　　　　3 It has two course instructors.
　　　　4 It has multiple components.

No. 10　What does the instructor say she will do for the listeners?
　　　　1 Assign them into groups.
　　　　2 Monitor their current teams.
　　　　3 Reserve a larger lecture room.
　　　　4 Lower their laboratory fees.

No. 11　Which of the following is a requirement of the class?
　　　　1 Introductory manuals.
　　　　2 Safety equipment.
　　　　3 Teaching experience.
　　　　4 Room access cards.

No. 12　What is on the instructor's class blog?
　　　　1 Footnotes from the textbook.
　　　　2 Personal office hours.
　　　　3 Advice for conducting research.
　　　　4 Guidelines for teaching assistants.

🅰 Tr.67 〜 Tr.71

[G]

Situation: You will hear a news report about Craston City.

Department of Transportation Budget

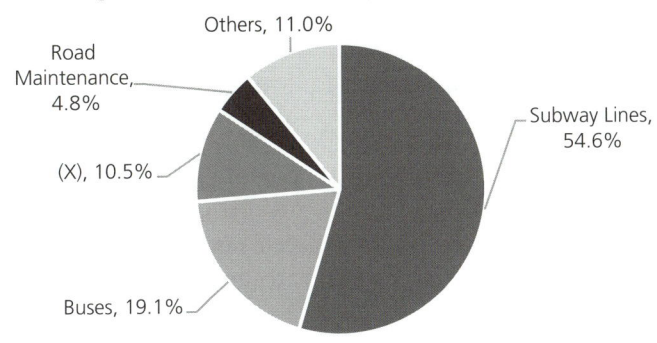

- Others, 11.0%
- Road Maintenance, 4.8%
- (X), 10.5%
- Buses, 19.1%
- Subway Lines, 54.6%

No. 13 What is the news report mainly about?
    1 Creation of a new department.
    2 Planned division of city funds.
    3 Emerging transportation technologies.
    4 The public's satisfaction with a certain service.

No. 14 Please look at the graph. Which of the following is represented by the letter X?
    1 Light Rail.
    2 Track Maintenance Work.
    3 Taxi Licensing.
    4 Road Safety Crews.

No. 15 What does the speaker say about Central Subway Station?
    1 Its renovations have caused it to close.
    2 Its improvements have already begun.
    3 Its workers have disagreed with a decision.
    4 Its leadership is disappointed with the director.

No. 16 What does the speaker say about city commuters?
    1 Most of them use personal vehicles.
    2 Many of them dislike the local government.
    3 Some of them want new city leadership.
    4 Nearly all of them demand bus system modernization.

🎧 Tr.52 ～ Tr.56

> D

(放送文)

Situation: You will listen to a professor introducing a new topic to her class.

Before I end the class this afternoon, I want to talk about what we'll be studying in some of our upcoming courses. Next week, we're going to get into a topic that might seem unfamiliar to a lot of you: information security. To simplify this concept, this involves protecting data, whether it's stored in a database, sent over the Internet, or transmitted between mobile devices. Since more information than ever is being stored or transmitted this way, on a global scale, information security is likewise being handled in a big way by top experts nowadays. This is in Chapter 23 of your textbooks, a much larger chapter than in the last edition because of the growing importance of this field. That chapter also has an enlarged section on the development of information security in messaging applications, social media and Wi-Fi. Some of the content might seem difficult initially, but I guarantee that you'll also find it interesting. In fact, some of you may find it interesting enough to specialize in this field after you graduate, which would be a very good career choice. I strongly suggest you study this chapter thoroughly over the weekend to build a basic familiarity with the topic. That way, the lecture on Monday will make much more sense to you. If you have any questions, I'll answer them on that day as well.

Questions:
No. 1   What is the main theme of this lecture?
No. 2   What does the professor say about Chapter 23?
No. 3   What does the speaker indicate about messaging applications?
No. 4   What does the speaker ask the students to do?

> 放送文の訳

状況：教授がクラスに新しいテーマを紹介しているのを聞きます。

　今日の午後の授業を終了する前に，今後の講座のいくつかで学習することになるものについてお話ししたいと思います。来週は，皆さんの多くにとってなじみがないように思われるかもしれないテーマに入る予定です。それは情報セキュリティーです。この概念はわかりやすく言えば，データベースに保存されるか，インターネットを通じて送信されるか，またはモバイル機器間で伝達されるかにかかわらず，それらのデータを保護することを内容に含んだものです。これまで以上に多くの量の情報が，このように世界的規模で保存されたり伝達されたりしているので，情報セキュリティーも現在，同様に大規模な形で第一線の専門家たちによって扱われています。このことは皆さんの教科書の第 23 章に出ていることなのですが，この分野の重要性が増しているため，この章は前の版よりずっと大きな章になっています。その章はまた，メッセージアプリ，ソーシャルメディア，そして Wi-Fi における情報セキュリティーに関するセクションが増補された形になっています。内容の中には最初難解に思われる部分もあるかもしれませんが，きっと皆さんは面白さにも気づくことを保証します。実際，皆さんの中には卒業後にこの分野を専門にしたくなるほど面白いと思う人もいるかもしれませんし，それはとてもいい職業選択になることでしょう。このテーマに関して基本的な知識を持てるよう，週末の間にこの章を徹底的に学習しておくことを強く勧めます。そうすれば，月曜日の講義は皆さんにとってずっとわかりやすくなるでしょう。何か質問があればその日にお答えもします。

No. 1　　　　　　　　　　　　　　　　　　　　　　　　　　　　　正解：3

問題の訳 この講義の主題は何ですか。
1 ＩＴ系の仕事への応募の仕方。
2 情報部門の利益のあげ方。
3 情報伝達を保全する方法。
4 ウェブサイトを展開する技術。

解説 この講義でのキーワードは第 2 文の information security「情報セキュリティー」で，放送文の中に繰り返し登場することから重要性が判断できます。information を communication「情報伝達，コミュニケーション」，security を protect「保全する」で言い換えている **3** が正解です。**1** の「仕事への応募」，**2** の「利益のあげ方」，**4** の「ウェブサイト」は放送文で触れられていません。

No. 2　　　　　　　　　　　　　　　　　　　　　　　　　　　　　正解：2

問題の訳 教授は第 23 章に関して何と述べていますか。
1 今回の版で新たに収録された。
2 以前より内容が長くなっている。
3 デジタルショッピングを話題の中心にしている。
4 ある単独の技術的な基盤に基づいていた。

解説 「第 23 章」に関する発言は第 5 文にあり，a much larger chapter than in the last edition「前の版よりかなり大きな章」と表現されているので **2** が正解です。**1** の「新たに収録」，**3** の「デジタルショッピング」，**4** の「技術的な基盤」は言及されていないので不正解です。

No. 3　　　　　　　　　　　　　　　　　　　　　　　　　　　　　正解：3

問題の訳 話し手はメッセージアプリに関してどのように指摘していますか。
1 Wi-Fi を用いて使うのに理想的である。
2 ソーシャルメディアの形態と結びついている。
3 講座の一部として論じ合われることになっている。
4 仕事を始めるのに良い分野である。

解説 メッセージアプリに関しては第 6 文で言及され，ソーシャルメディア，Wi-Fi と列挙した上で，それらの情報保護の発展に関してテキストの第 23 章で扱いが大きくなっていると述べられています。よって **3** の「論じ合う予定の講座の一部」が適切です。**1**, **2** の「Wi-Fi」，「ソーシャルメディア」とメッセージアプリとの関係は述べられていないので不適です。第 8 文から，**4** の「仕事を始めるのに良い分野」はメッセージアプリではなく情報セキュリティーのことだとわかるのでこちらも不適です。

No. 4　　　　　　　　　　　　　　　　　　　　　　　　　　　　　正解：4

問題の訳　話し手は学生たちに何をすることを求めていますか。
1 講義ノートを取る。
2 研究グループ単位で会合を持つ。
3 ソーシャルメディアに投稿する。
4 ある題目を読み通す。

解説　話し手は最後から3文目で学生たちに，I strongly suggest you study this chapter thoroughly ... と述べています。よって **4** に合致します。**1** の「講義ノート」，**2** の「会合」，**3** の「投稿」に関しては全く述べられていないので，これらは除外されます。このような設問に対応するには主張や助言を表す表現をしっかりと聞き取ることが求められます。

Vocabulary
- □ upcoming 形 来るべき，今度の　□ simplify 動 〜を簡単に（説明）する
- □ store 動 〜を蓄える　□ transmit 動 〜を伝達する　□ likewise 副 同様に
- □ edition 名 （出版物の）版　□ enlarge 動 〜を大きくする　□ content 名 内容，中身
- □ initially 副 最初は　□ guarantee 動 〜を保証する　□ specialize in 〜 〜を専門とする
- □ thoroughly 副 完全に　□ familiarity 名 親しみ，精通

📖 career

「キャリア」というカタカナ語にもなっていますが，career の元々の意味は「職業」。job「仕事」よりも長期にわたって携わる仕事，一生の仕事というニュアンスになります。career choice「職業の選択」は大学生にとって大きなテーマですから，TEAP にもこの単語は頻出です。

🎧 Tr.57 〜 Tr.61

E

放送文

Situation: You will listen to a professor making an announcement at an event.

Thank you all for coming this evening. We truly appreciate students taking time out from their studies and class schedules to volunteer their time. You may not have had any experience doing this kind of thing before, but it's not as hard and monotonous as it may look. It's simply about reaching out to former students to see if they're willing to help out their school. You've all been given a list of graduates. Each list holds names different from the others. Your job tonight is to call each name on the list to see if he or she is willing to donate to our school. You don't have to think up your own approach to these graduates. Instead of that, you only have to read from the script in front of you. Always be polite and be prepared to hear "no" a lot. Don't make the call longer than it needs to be. If the person you're talking to clearly wants to get off the phone, let them do so immediately. In the end, getting even 5 percent of the people you contact to donate will really help us. Feel free to take breaks whenever you need, and tell me or any other staff if you have any questions. And with that, let's get on with our phone calls.

Questions:
No. 5 According to the speaker, what is the main purpose of the event?
No. 6 What is a requirement for all the participants?
No. 7 What does the speaker say about the phone calls?
No. 8 What does the speaker tell the listeners to do?

> 放送文の訳

状況：教授がある催しで案内をしているのを聞きます。

　皆さん，今晩は来てくれてありがとうございます。学生諸君が研究や授業の予定の時間を割いて，自分たちの時間を進んで提供してくれたことに心から感謝します。皆さんはこれまでこのような類のことをした経験がないかもしれませんが，見かけほど大変でも，単調なものでもありません。ただ単に，元学生たちに連絡を取って，彼らが母校の力になってくれる気があるかを確かめるということです。皆さんはすでに卒業生の名簿を配られていますね。それぞれの名簿に，他の名簿とは違う名前が掲載されています。今夜皆さんにやっていただく仕事は，名簿に載っているそれぞれの名前に電話をかけ，その人に学校に寄付をしても構わないかどうかを確認してもらうことです。皆さんは対象の卒業生たちへの働きかけの方法を自分たちで考える必要はありません。そうではなく，目の前に置いてある原稿を読みさえすればいいのです。丁寧な態度を心がけ，多くの「ノー」をもらうことを覚悟しておいてください。電話は必要以上に長くならないようにしてください。話している相手が明らかに電話を切りたいと思っているならば，すぐにそのようにさせてあげてください。最終的に皆さんが連絡を取ってくれた人たちの5パーセントでも寄付に応じてくれれば大いに助けになります。必要なときにはいつでも自由に休憩を取ってくださって結構ですし，疑問点があれば私や他のスタッフの誰かにお知らせください。ということで，電話をかける作業を進めていきましょう。

No. 5 　　　　　　　　　　　　　　　　　　　　　　　　　　　　　　　　　正解：**3**

問題の訳 ▶ 話し手によると，催しの主な目的は何ですか。
  1 寄付をしてくれた人たちに協力に対する感謝を伝えること。
  2 ある目的のためにボランティアを見つけること。
  3 学校への寄付を募ること。
  4 慈善活動を組織すること。

解　説 ▶ 催しの目的は第 4 文の to see if they're willing to help out their school と第 7 文の to see if he or she is willing to donate to our school の部分で明らかです。卒業生に学校への寄付を募ることなので **3** が正解です。すでに寄付してくれた人に対する連絡が目的ではないこと，聞き手の学生自身がボランティアであること，慈善事業ではないことから **1**，**2**，**4** は不正解です。

No. 6 　　　　　　　　　　　　　　　　　　　　　　　　　　　　　　　　　正解：**2**

問題の訳 ▶ 参加者全員に求められていることは何ですか。
  1 原稿を書くこと。
  2 丁寧な態度をとること。
  3 リストを更新すること。
  4 クラスメートに協力すること。

解　説 ▶ 第 10 文以降に参加者がとるべき態度が述べられていますが，Always be polite and … となっています。丁寧な態度で接することが求められていますから **2** が正解です。原稿はすでに用意されているので **1** は不適。**3** の「リストの更新」，**4** の「クラスメートへの協力」については触れられていません。

No. 7 　　　　　　　　　　　　　　　　　　　　　　　　　　　　　　　　　正解：**4**

問題の訳 ▶ 話し手は電話をかけることに関して何と言っていますか。
  1 すべてうまく行くだろう。
  2 予想以上に長く続くかもしれない。
  3「ノー」という言葉は決して使ってはいけない。
  4 明らかに必要な場合には電話を終わらせなければいけない。

解　説 ▶ 第 11 文で「必要以上に時間をかけないこと」と述べられ，次の文では具体例として，相手が明らかに電話を切りたがっている場合にはそれに応じるようにと述べられています。よって **4** が適切です。**1**，**2** のような予想は述べられていないので除外します。**3** の「ノー（いいえ）」という言葉は相手方の発言に含まれる可能性があることなのでここでは不適。

No. 8 ・・・ 正解：**3**

問題の訳 話し手は聞き手に何をするように言っていますか。
1 休憩は適度に短くする。
2 スタッフの承認を待つ。
3 いつでも質問をする。
4 帰る前に無料のギフトを受け取る。

解説 最後から2番目の文の後半で，... and tell me or any other staff if you have any questions と述べられていますので，**3** が正解です。**1** の breaks は「休憩」，「話の間」の意味に解釈できますが，どちらの意味であっても「短くすること」には言及していませんので不適です。**2** の「スタッフの承認」，**4** の「無料のギフト」のことには触れられていないのですぐに除外できます。

Vocabulary
□ volunteer 動 〜を進んで提供する　□ monotonous 形 単調な
□ reach out to 〜 〜に連絡を取る　□ see if ... …かどうかを確かめる
□ be willing to *do* 〜するのをいとわない　□ donate 動 寄付をする
□ think up 〜 〜を考え出す　□ get off the phone 電話を切る
□ get A to *do* A を〜するようにさせる　□ get on with 〜 〜を進める

📖 graduate

graduate はまず「卒業する」という動詞の用法を覚える人が多いと思いますが，TEAP では名詞として登場することの方が多いかもしれません。動詞の /ˈɡrædʒueɪt/ という発音に対し，名詞は /ˈɡrædʒuət/ と発音します。「卒業生」「大学院生」という2つの意味があることに注意しましょう。「大学院生」という意味の graduate に対して，「学部学生」（いわゆる「大学生」）は undergraduate と言います。

🎧 Tr.62〜Tr.66

F

(放送文)

Situation: A professor is addressing her students on the first day of class.

Good afternoon and welcome to Chemistry 102. I'm Professor Hale, and I'll be your instructor. This is only a first-year university chemistry class, but it'll still be challenging because you'll have to manage its several parts: lab work, class work, tests, and projects. You'll have to do well in each part to earn a high score.

As to in-class work, we'll meet five days a week: 3 days a week here in this lecture room, and 2 days a week in the laboratory. Please always be on time, because it's not fair to the other students to have the lecture or lab work interrupted by latecomers.

For lab projects, I'm going to put each of you into teams. Work closely together, because you'll receive a team grade on projects, not an individual one. Don't worry about your laboratory fees. All of these are included in the tuition you already paid when you registered for this course, including the required lab coats, gloves, and safety glasses. The woman standing on my left is Erin Fisher, my teaching assistant. She will instruct the class one day a week, and also oversee all of the lab projects. I believe that you will find her a tremendous help in all respects. Both of us also have office hours that are posted on the class blog.

Questions:
No. 9　What makes the class challenging?
No. 10　What does the instructor say she will do for the listeners?
No. 11　Which of the following is a requirement of the class?
No. 12　What is on the instructor's class blog?

> 放送文の訳

状況：教授が授業の初日に学生たちに話しかけています。

　こんにちは，そして化学102へようこそ。私は教授のヘイルで，皆さんの指導教官になります。このクラスは大学1年生向けの化学の授業にすぎませんが，それでも実験作業，授業での活動，試験，そして研究課題などいくつかのパートをこなしていかなければならないのでやりがいのあるものになることでしょう。良い成績を取るにはどのパートにおいてもうまくやらなければいけません。

　教室内の活動に関しては，週に5日集まってもらいます。この講義室に週3日，実験室に週2日です。いつも時間通りに行動してください。遅刻者に講義や実験作業を邪魔されるのは他の学生たちに対してフェアではありませんから。

　実験課題に関しては，私が皆さんをチームに分けるつもりです。研究課題では個人成績ではなくチームの成績がつくことになりますから，密接な関係を作って一緒に活動してください。実験費用については心配しないでください。必要とされる実験着，手袋，安全メガネを含めて，実験費用は全額，この授業に登録した際にすでに支払った授業料に含まれています。私の左に立っている女性は，私の授業助手のエリン・フィッシャーです。彼女は週に1日，クラスを指導し，また実験課題のすべてを監督します。彼女があらゆる点でものすごく助けになる存在であると，皆さんにもわかることでしょう。なお，われわれ2人には授業のブログに出ている通りのオフィスアワーがあります。

No. 9 正解：**4**

問題の訳 この授業はどのような面でやりがいがありますか。
1 高度な概念が含まれている。
2 幅広い素養が求められている。
3 2人の指導教官がいる。
4 多くの構成要素がある。

解説 授業が challenging であると放送文で言っているのは第3文で，その理由が because 以下に挙げられています。多数のパートがあることが述べられているので，**4** が正解です。**1** の「高度な概念」，**2** の「幅広い素養」のことは述べられておらず，女性の助手の存在については述べられていますが，クラスが challenging であることとの関連はないので **3** も不正解です。

No. 10 正解：**1**

問題の訳 指導教官は聞き手に対して何をすると述べていますか。
1 彼らをグループに分ける。
2 彼らの現在のチームを監視する。
3 より大きな講義室を確保する。
4 彼らの実験費を下げる。

解説 第3段落に実験課題に関しての説明があり，I'm going to put each of you into teams. と発言しています。したがって **1** が正解です。**2** は，「現在のチーム」とありますが，話の段階ではまだチーム分けがされていないので不適です。**3** の「講義室の確保」については述べられておらず，**4** の実験費に関しても「支払い済み」と言われているだけです。放送文で用いられている put が assign に言い換えられていることに注意しましょう。

No. 11 正解：**2**

問題の訳 次のうち授業に必要なものは何ですか。
1 入門の手引書。
2 安全対策の装備。
3 教職の経歴。
4 入室カード。

解説 第3段落の第4文にある the required lab coats, gloves, and safety glasses という内容から判断しましょう。これらは「授業に必須のもの」と考えられ，**2** の safety equipment に該当します。**1** の「手引書」，**3** の「教職歴」，**4** の「入室カード」に関しては放送文では言及されていないので除外できます。required と requirement との関連性に気づくことが大切です。

No. 12　　　　　　　　　　　　　　　　　　　　　　　　　　　　　　　　正解：2

問題の訳　指導教官の授業ブログには何が出ていますか。
　　1 教科書の注釈。
　　2 個人のオフィスアワー。
　　3 研究を行う上でのアドバイス。
　　4 授業助手向けのガイドライン。

解説　class blog「授業ブログ」に関しては放送文の最後で言及されています。自分たちの office hours がこのブログに出ていると言っていますので **2** が該当します。**1** の「教科書の注釈」，**3** の「アドバイス」，**4** の「ガイドライン」に関しては述べられていません。

Vocabulary
- □ address 動 ～に向けて話をする　□ challenging 形 やりがいがある，難しい
- □ lab work 実験作業 ＊ lab は laboratory「実験室」の略語　□ interrupt 動 ～の邪魔をする
- □ latecomer 名 遅刻者　□ fee 名 料金，費用　□ tuition (fee) 名 授業料
- □ register 動 登録する　□ oversee 動 ～を監督する，監視する
- □ tremendous 形 ものすごい　□ post 動 ～を掲示する

🎧 Tr.67 ～ Tr.71

G

放送文

Situation: You will hear a news report about Craston City.

The Craston City Department of Transportation has received 285 million dollars for all of its operations and projects for the upcoming fiscal year. This is substantially less than expected, so the department has had to carefully plan for this period. A little under 20 percent of the budget has been allocated to an upgrade of the city buses, which have experienced a steady increase in the number of passengers. About 10 percent of the budget has been allocated to the expansion of the light rail network, which currently operates on only 5 different routes through the downtown area. The largest portion of the department budget, over 50 percent, has been allocated to the continuing renovation of Central Subway Station and track maintenance work.

By contrast, less than 5 percent of the budget is allocated to road maintenance, and the city essentially has decided that it will license only a few additional taxis for the upcoming fiscal year. The department has also suggested it may lay off or cut the wages of a number of road maintenance and road safety crews. Many of these workers have expressed disappointment at the budget allocation. They claim that the city should have given priority to roads and that the failure to do so will negatively impact city commuters — especially since 87 percent of these commuters actually drive.

Questions:
No. 13 What is the news report mainly about?
No. 14 Please look at the graph. Which of the following is represented by the letter X?
No. 15 What does the speaker say about Central Subway Station?
No. 16 What does the speaker say about city commuters?

放送文の訳

交通局予算

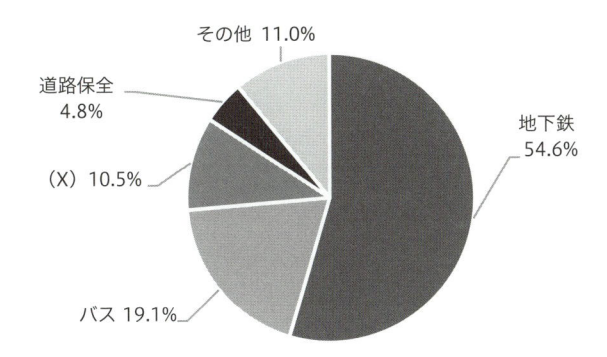

- その他 11.0%
- 道路保全 4.8%
- (X) 10.5%
- バス 19.1%
- 地下鉄 54.6%

状況：クラストン市に関する、あるニュース報道を聞きます。

　クラストン市交通局は次期会計年度の運営と計画のすべてに対して2億8500万ドルの予算を確保しています。この金額は予想をかなり下回るもので、当局は次年度の計画を綿密に立てる必要がありました。その予算の20パーセント弱が、乗客数が着実に伸びている市営バスの改良に割り当てられています。予算の約10パーセントは、現在商業地域を通る5つの異なる路線でのみ運行している路面電車網の拡大に割り当てられています。交通局の予算の最大の割合、50パーセント以上が中央地下鉄駅の進行中の改築工事と線路の保全事業に割り当てられています。

　それとは対照的に、予算の5パーセント未満が道路の保全に充てられており、市は次の会計年度では基本的にほんのわずかな台数の追加のタクシーしか認可しないという判断をしています。交通局はまた、道路の保全や道路安全管理に携わる多くの労働者の一時解雇または賃金カットを行う可能性も示唆しています。これらの労働者の多くが予算配分に対して落胆の意を表明しています。彼らは特に、市の通勤者の87パーセントが実際には車を運転して通勤していることを理由に挙げ、市は道路を優先すべきであったと主張し、またそうしないことで通勤者たちに悪影響が出るだろうと主張しています。

No. 13　　　　　　　　　　　　　　　　　　　　　　　　　　　　　　正解：2

問題の訳　ニュース報道は主に何について伝えていますか。
1 新しい局の開設。
2 市の財源の配分計画。
3 新たな輸送技術。
4 あるサービスに対する市民の満足度。

解説　放送文の中でもグラフの表題でも budget「予算」という語が用いられており，第3文以降の内容から，市の次年度予算が輸送の各部門にそれぞれ割り当てられる割合を説明したものと判断できます。1の「新しい局」，3の「輸送技術」，4の「市民の満足度」は全く触れられていないので該当しません。放送文全体のテーマを聞く設問では，このようにキーワードの1つで正誤が判断できることもあります。

No. 14　　　　　　　　　　　　　　　　　　　　　　　　　　　　　　正解：1

問題の訳　グラフを見てください。Xという文字で表されているものは次のどれですか。
1 路面電車網。
2 線路の保全作業。
3 タクシーの認可。
4 道路安全管理に携わる労働者。

解説　まずXの10.5パーセントという数値に注目します。放送文の第4文で About 10 percent of the budget has been allocated to the expansion of the light rail network と説明されているので1が正解です。2は中央地下鉄駅の改築と同じ項目に含まれ，3のタクシーの認可は road maintenance の後で説明されていますが，予算との関わりは不明ですので除外します。4は road maintenance に関わるものでしょうが，予算配分上の数値は明言されていません。

No. 15　　　　　　　　　　　　　　　　　　　　　　　　　　　　　　正解：2

問題の訳　話し手は中央地下鉄駅に関して何と言っていますか。
1 その改修工事が原因で閉鎖になった。
2 その改良はすでに始まっている。
3 その職員たちはある決定に反対している。
4 その首脳部は局長に失望している。

解説　第1段落最後の the continuing renovation of Central Subway Station ... という説明で判断します。continuing は「進行中の」という意味で，「もう始まっている」と解釈できるので2が正解です。1の「閉鎖」，3の「駅の職員」，4の「駅の首脳部」という話題は出ていないので除外されます。2では renovation が improvements という表現に言い換えられていることに注意しましょう。

No. 16　　　　　　　　　　　　　　　　　　　　　　　　　　　　正解：1

問題の訳 話し手は市の通勤者に関して何と言っていますか。
1 彼らのほとんどが個人の乗り物を利用している。
2 彼らの多くが地元の自治体を嫌っている。
3 彼らの一部が新しい市の首脳部を求めている。
4 彼らのほとんど全員がバス系統の近代化を要求している。

解説 放送文の最後の部分で since 87 percent of these commuters actually drive「これらの通勤者の 87 パーセントが実際には車を使っているので」と説明されています。よって **1** が該当します。use personal vehicles というのは drive を指すと考えられるからです。**2**，**3**，**4** のような内容は放送文では全く述べられていません。通勤者の話題が最後に集中しているので，その部分で判断します。

Vocabulary
- department 图 局，部門　□ operation 图 活動，運営　□ upcoming 形 来るべき，今度の
- fiscal 形 財政の，会計の　□ substantially 副 かなり，相当　□ budget 图 予算
- allocate 動 〜を配分する　□ expansion 图 拡大，進展
- light rail (路面電車などの)軽便鉄道　□ portion 图 一部分　□ renovation 图 革新，修繕
- by contrast 対照的に　□ essentially 副 基本的に　□ license 動 〜を認可する
- lay off 〜 〜を一時解雇する　□ priority 图 優先権
- failure to do 〜できないこと，〜するのを怠ること　□ commuter 图 通勤者